お母さんから
自由に
なれば、
結婚できる。

Taian Keiko
大安ケイコ

Discover
ディスカヴァー

あなたが
育った家庭は、
これからあなたが
持つ家庭ほど
大切ではない。

The family you come from isn't as important as
the family you're going to have.

リング・ラードナー
（米国の作家、ジャーナリスト / 1885 ～ 1933）

結婚に続く新たな道のはじめに

恋愛してもいつも結婚までいきつかない。
時間もお金も使ってがんばっているのに、なかなか結婚できない。
そんな悩みを抱えていませんか？
では、その原因はどこにあるのでしょう。
何か思い当たることはありませんか？

- 理想の人がなかなかいない？
- そもそも出会いがない？
- つきあってみても、「何か違う」と思う？

好みじゃないタイプの人から好かれる？

目の前の男性に、恋愛感情がわかない……？

これら一つひとつはすべて、確かに恋や結婚がうまくいかない理由です。

では、「この人は理想の人じゃない」「タイプじゃない」「うまくいかない」などと判断を下してしまう理由はどこからくるのでしょう。

もしかして、あなたのお父さんやお母さんの顔が、いつのまにか心の中に浮かんではいませんか？

お父さんやお母さんの価値観を第一に、相手を探していませんか？

心のどこかに思い当たることがあったら、次のページから始まるチェックテストをやってみましょう！

あなたはどんな糸にしばられている？

“お母さんと私”チェックシート

【診断方法】

チェック１～４のなかで、
最も多くの項目が当てはまるのはどれでしょう？
最も多くチェックがついたところが、
あなたとお母さんの関係性を表しています。

（１つのタイプに集中せず、２つ、３つのタイプを合わせ持つこともあります）

チェック1

- □ 1 長年婚活をしているのになかなか結婚できない
- □ 2 何か決めるとき、お母さんの顔が浮かぶ
- □ 3 一人暮らしも考えるけれど、やっぱり実家が楽チン！
- □ 4 お母さんが、いつまでも子ども扱いしてくる
- □ 5 友だちから「男性への理想が高すぎる」とよく言われる
- □ 6 恋をすると９割フラれる
- □ 7 スケジュール帳は予定でいっぱい

チェック2

- [ ] 8 友だちや彼との約束よりもお母さんとの約束を優先する
- [ ] 9 幸せそうな友だちと自分をすぐ比べてしまう
- [ ] 10 子どもの頃からお母さんに何でも報告してきた
- [ ] 11 お母さんはあなたにお父さんの愚痴をよくこぼす
- [ ] 12 大人になっても、お母さんと出かけるのが一番楽しい
- [ ] 13 実家暮らしのため、家事はすべてお母さんがやってくれている
- [ ] 14 お母さんが専業主婦
- [ ] 15 お母さんの老後が心配

チェック3

- [ ] 16 お母さんはあなたの行動に逐一うるさい
- [ ] 17 お母さんはあなたが残業してくると不機嫌になる
- [ ] 18 お母さんはあなたに「お母さんが言う理想の男性が一番の相手よ」と言ってくる
- [ ] 19 子どもの頃から何かにつけて制限が多かった、しつけが厳しい家庭だった
- [ ] 20 写真を撮られるとき、うまく笑えない
- [ ] 21 結婚したいけど、内心「本当に幸せになれるのかな」と思う

チェック4

- [ ] 22 恋をすると、「いつも一緒にいたい」「相手の行動を把握していたい」と思う
- [ ] 23 お父さんが怖かった、横暴だった、嫌いだった
- [ ] 24 自分の感情を表に出すのは苦手
- [ ] 25 お母さんはあまり自分をかまってくれなかった
- [ ] 26 お母さんとお父さんはケンカが多かった
- [ ] 27 お母さんはいつも寂しがっている
- [ ] 28 つきあう相手がモラハラ男で苦労する場合が多い
- [ ] 29 自分の意見や意思が正しいかどうか、いつも自信がない
- [ ] 30 お母さんは賢く、女性としてとても優秀だった

チェック1　1〜7に最も多く当てはまるあなたは

「お母さんを〝リスペクト〟タイプ」

お母さんから長年植え付けられている「結婚するならこんな人にしなさい」という理想に縛られているかもしれません。「結婚したい」と願う自分の気持ちについて、今一度見つめ直してみてください。

心の底で、「お母さんが喜ぶような相手を連れていかないと私は結婚できない」というような思いが眠っていませんか？これまでの人生で、お母さんの目を気にして何かをあきらめた経験はありませんでしたか？お母さんを尊敬する気持ちを持つことは大切ですが、いざ結婚するならお母さんの価値観よりも、あなたが本当に求めている希望を最優先することが何よりも大切です。この本をきっかけに、自分らしい結婚をする第一歩を踏み出していきましょう。

チェック2　8〜15に最も多く当てはまるあなたは

「お母さんと〝大親友〟タイプ」

友だちよりも彼よりも、「お母さんと一緒にいるのが一番安心」と感じているあなた。「お母さんが大好き」なのはとてもいいことですが、その反面「お母さんを置いて結婚することなんかできない…！」といったジレンマに悩まされてはいませんか？また、お母さん自身もあなたの結婚を無意識に阻止しようとしてきたり、「いつまでも実家にいていいわよ」と甘くささやいてきたりすることがあるなら、確実にこのタイプです。

いつまでもお母さんを頼って実家に居続けていると、時間があっという間に過ぎていき、結婚のタイミングを失います。本気で結婚したいと願うのなら、お母さんから独立する気持ちを持つことが大切です。

チェック3　16〜21に最も多く当てはまるあなたは

「お母さん〝恐怖症〟タイプ」

子どもの頃から厳しくしつけられた結果、優等生でいい子のあなた。コミュニケーション能力にも優れ、上司からの評判もいいことでしょう。ただ、あまりにも口うるさいお母さんに育てられてきたので、結婚に対していいイメージが持てなかったり、自分の弱さを隠したくて男性をバカにするような態度を取ったりすることも。「お母さんにはお母さんの人生があり、あなたにはあなたの人生がある」ということを認識していきましょう。結婚もお母さんを模倣する必要はまったくありません。あなたのような幼少時代を送ってきた女性たちでも男性から大切に扱われ、穏やかに暮らす結婚を手にした先輩達が存在しています。まずはそういう先輩方にそっぽを向かないこと。彼女たちがどのようにしてその結婚を手に入れたのか、この本を通して体感してみてください。

チェック4　22〜30に最も多く当てはまるあなたは

「お母さんが〝独裁者〟タイプ」

幼い頃からお母さんに感情を抑圧され、自分らしさとはかけ離れた生活を送っていたため、お母さんにあなたの人生観や結婚観がかなり支配されているかもしれません。あなた自身もお父さんとお母さんの結婚が絶対的だと思い込んでいるため、男性に対して過剰な期待感を持ったり、細かいことですぐダメ出しをしてしまう傾向が強いようです。ただ、そんな家庭で育ったことを恨まないでください。そしてあなたを非難するような男性との交際はもう手を切ってください。だれでも、必ず自分らしい結婚をすることができます。育った家庭や家族のことを「成長の場だったのだ」と認識していくことで、人生は明るい方向へ進み始めていきます。この本をきっかけに、あなたが本当に望む結婚を手に入れる準備を始めていきましょう。

自分らしい結婚って何？

はじめまして。大安《たいあん》ケイコと申します。

私は二〇〇六年から、東京の表参道で結婚相談所を主宰しています。

近年私の相談所には、親との関係について何かしらの悩みを抱え、「なかなか結婚できない」とご相談に来る方が増え始めています。


「お母さんが理想の男性像を押し付けてくる」

「お母さんがデートのたびに口出ししてくる」

「両親の仲が悪くて幸せな結婚へのイメージがわかない」

「お母さんのプレッシャーが強くてなかなか結婚できなかった」

「子どもの頃からお母さんに否定され続けたため自信が持てず、結婚するのが怖い」

「お母さんの条件が厳しすぎてどんな男性を連れていってもダメ出しの連続だった」

「両親からの価値観からの押し付けが強すぎて、人生に窮屈さを感じていた」

こんなふうにご相談にいらっしゃる方が後を絶ちません。

また、自分では何も意識していなかったけれど、相談を進めていくうちに、じつは親御さんとの関係、とくにお母さんとの関係が、恋愛観や結婚観に大いに影響しているということがわかる場合もあります。

私はこうした悩みを抱え、結婚に対してハードルを感じている方々へのサポートを得意としています。そもそも相談所をやろうと思った理由は、

私自身、親との葛藤を抱えていたから。

私は今の結婚をするまで、親との長い葛藤を抱え、そこから抜け出すための十一年の婚活時代を経た後に結婚しました。けれども、幸せとはほど遠い日々にすぐに離婚。その失敗と二度目の結婚での学びをもとに、この相談所を主宰し、日々カウンセリングを行っています。

おかげさまで、今ではご相談にいらっしゃる方の二人に一人の割合で、結婚を見届けることができています。赤ちゃんも続々と生まれ、みなさんからの「幸せに暮らしています」という年賀状が年々増え続けています。

「本当の自分」で、幸せになれる結婚をする

では、その「親からの葛藤」や「十一年の婚活時代」「結婚」「離婚」「再婚」の理由について、少しお話をさせてください。

私は子どもの頃から両親にひどく束縛され、いつも家の中で居心地の悪さを感じていました。父の言う通りに動かないと怒鳴られ、顔が腫れるほど殴られ続けました。母からはいつも否定の嵐。何をするにも反対されてばかりいました。

友だちと遊んで「楽しかった〜」と家に帰ると、

「あんたばかり楽しんでずるい」

と怒られました。またそんな母からは、

「人生は苦労の連続。女は自分のやりたいことをやる資格なんかない。夫の顔色を伺って一生が終わる」

と聞かされ続けて育ちました。そして、父からも母からも、

「お前はわがままで身勝手でひねくれているから、誰も結婚してくれないよ」

といつも笑われ続けていました。いつからか私は、

「母に否定され続ける私は幸せになんかなれない」

「誰も自分を愛してなんかくれない」

「でも結婚さえすれば、きっとバラ色の人生が待っているに違いない」

というふうに思うようになりました。家から出て自分の家族を作ることだけが子どもの頃からの最大の夢であり、生きる糧になるとひたすら信じ続けていました。

絶対に結婚して幸せになってやる。

あのどこかじめっとしていて、そこにいると心が暗黒の闇に塗りつぶされてしまうような家から脱出して、自分だけの幸せな空間を作るんだ。

そこから私の婚活時代が始まりました。

二十代の頃からあらゆる出会いの場に出かけ、少しでも脈がありそうなら付き合うまでがんばり、付き合って数ヵ月経つと「結婚してくれるよね?」と彼を追及……。

そのプレッシャーに、当然ながら男性たちはみな尻込みして逃げていきました。

そう、こんな私と結婚してくれる人は、親が言う通り、全く現れなかったのです。

時は経ち、婚活も十一年目に突入した三十一歳のときのことです。

「そんなに結婚したいんだったらしてやるよ」

と言ってくれる男性が現れました。それが最初の夫です。

「この人が自分の運命の相手だったんだ、やっと親から独立できる！」

　と飛び上がって喜びました。


けれども、「無事結婚できた！　親から離れられる！」とほっとしたのもつかの間、夢にまで見た結婚生活は、夫からの言葉と力の暴力が続く日々でした。

あんなに長い間がんばり続けたのに、最終的にはこのザマです。

父や母には相談できないし、友だちに泣いて電話しても、

「あんたは昔からオトコ運悪かったからね」

と励ましなんだか嫌味なんだかよくわからない言葉をもらい、「もう一生泣いて暮らすんだろうな」と人生をあきらめていました。

母の言うことを聞かないから、やっぱり私は幸せになれなかったんだ。

自分を呪いました。

毎日殴られて顔にアザができ、泣いてばかりいたとき、しばらく夫と離れて暮らしたいと、久々に海外旅行に行くことを決意。行き先は初のニューヨークです。

ニューヨークの街で、女性たちがみなキラキラ輝いているのを見たとき。自分の意思で自分のやりたいことを選択し、しっかりと自分の足で立っているその姿に衝撃を

受けました。


本当は私も、自分のやりたいことを実現したい。

人生を楽しんで生きたい。

私を応援してくれる人と一緒にいたい。

自分らしく、幸せになれる結婚をしたい。


いつの間にか私は、「父や母から逃げるために結婚すること」だけを目的にしていたのでした。そして長い間なかなか結婚できなかったからこそ、勢いで夫と結婚してしまったんだということに気がつきました。

三ヵ月後に、私は最初の夫と離婚することになりました。

そして、父を、母を脱ぎ捨て、今までの自分を脱ぎ捨て、「自分が本当に幸せになれる結婚」を探す旅に出ることにしたのです。

本当の自分を取り戻し、自分らしい幸せな結婚をするために、私は次の5つのことを実践しました。

❶親と自分の関係を直視し、向き合う
❷過去の親の言動で嫌だったことを洗い出し、はたしてそれが真実なのかを検証する
❸自分はどんな人生を歩みたいのか、どんな結婚をしたいのか、見つめ直す
❹親と離れ、自分の生活を変える
❺親から刷り込まれた自分の中の思い込みを変える

親との関係を見つめ直し、

「母と自分は異なる結婚をしてもいい」

「母の言ったことは無視すればいい」

と、とことん自分に言い聞かせました。一人で自分を立て直すために、親から精神的に独立するために、「自分改革」を行っていったのです。

これまでは自分の不幸の理由（自信がない、持病がある、男性からすぐフラれる）は、すべて親の育て方のせいだと思い込んでいましたが、離婚を選択したのは自分なのだから、「ここからのすべての人生を自分で舵取りしてみよう」と決意したのです。不思議なもので、そう決意した瞬間から、私を応援してくれる友だちや仲間がどんどん増えていきました。

そのほかお金をかけずに自分改革できる方法を色々と実践し、男性の選び方や、自分に対する考え方、付き合う友人などもすべて変えました。

すると、離婚からわずか三ヵ月後。ふとした場所で今の夫と出会い、一年半付き合った後に再婚することができたのです。現在再婚して十三年目を迎えます。最初の結婚ではわずか九ヵ月で逃げ出したというのに、そんな私が十二年も同じ人と一つ屋根の下で一緒に暮らして、笑顔で幸せを感じられているのは、本当に奇跡のようです。二回目の結婚をするとき、私は、「親と自分は別々の人間」と自分に言い聞かせていました。

もしもあの時点で「親と和解しないと結婚できない」と思い込んでいたら、きっと今でも私は独身だったと思います。

今このページをひらいていただいているあなたも、結婚したいけれど、なかなかそこにたどり着けないという悩みを持っているかもしれません。

そして、その原因に、お母さんやお父さんの姿が思い浮かぶなら、ぜひこの本で紹介することを実行してみてください。

この本は、過去の私の痛い経験や、幸せな結婚研究、数々の会員さんの結婚に至るまでのプロセスと結果をもとに、私なりに方法論をまとめたものです。

私はプロの心理学者ではありませんし、そういった分析を仕事としているわけではありませんが、１００％、「結婚の現場」で培ってきた実績を元に、この本を書いています。

そして、この方法により、親との関係に悩み、なかなか結婚できなかった多くの方たちが、親から植え付けられた価値観を乗り越え、見事結婚しています。

あなたの人生はあなたのものです。
あなた自身が動き出さない限り、
同じ日々が、ひたすら繰り返されるだけです。

今こそ、親と自分は違う人間なのだと認識し、親の価値観を第一に考える毎日から、飛び出しませんか？

親からの愛情を受け取ることだけにこだわりすぎず、まずは自分の夢である「結婚」を直視してみてください。

どんなに親と仲が悪くたって、何度大失恋を経験したって、結婚したいと願うあなたの夢は、実現することができます。

「この人と出会えて本当によかった」

と思える結婚を目指し、その第一歩を一緒に踏み出しましょう。

お母さんから自由になれば、結婚できる。——もくじ

第一章

あなたはどんな糸にしばられている？

第二章

お母さんから自分の人生を取り戻す7本の糸

第三章

結婚できる自分になるための10本の糸

第四章

真のパートナーにたどりつくための9本の糸

第一章

あなたはどんな糸にしばられている？

1 「結婚できない」の黒幕はお母さん？

「結婚したいと思ってから、もう十年経つのになかなか結婚できない」

「合コンやネットお見合いなどの出会いの場に足を運んではいるけれど、いい人がいない」

「いろいろな相談所で五十回以上お見合いしたけど結婚できなかった」

などと相談にいらっしゃる女性が、ここ数年で、急激に増えています。

年代は、二十代後半から四十代半ばの方々が多く、みなさんきれいでおしゃれな方ばかり。男性からのお誘いや付き合うチャンスは山のようにありそうです。

「なぜ結婚できなかったのかな？」

と不思議に思いお話を伺うと、決まって次のような答えをいただきます。

「引っ張ってくれる男性がいないんですよねぇ」

「初デートが割り勘だったので、がっかりしちゃって！」

「お店を決めるのに三十分もかかるんですよ！　挙句の果てに普通の居酒屋でした」

「趣味がビール飲んでテレビ見ることって、昭和のオヤジだと思っちゃって！」

こんなふうに、男性への不満の声が後を絶ちません。

若いときにほめられたり、ちやほやされたりした経験が忘れられないということもあるかもしれません。また、年を重ねるたびに男性に求める条件基準がエベレスト並みに高くなっていき、男性に対して期待値が上がっていることも、こういった不満の声につながる原因の一つでしょう。

とはいえ、ご相談者のみなさんは口をそろえて、

「私、家族を持ちたいです。夫と子どもが欲しいんです」

「一人で生きていく勇気は持てないので、なんとかして結婚したいと思っています」

「ショッピングモールで家族連れを見ると、なんとも切ない気持ちになります」

と、切実に「結婚したい」と言います。

では、結婚するためには、何を、どうすべきなのでしょうか？

男性に対してつい不満を感じてしまう自分をすべてを満たしてくれる男性は、はたして本当に存在するのでしょうか？

正直、私はいないと思っています。
残念ながら、理想の男性は、
どこを探してもこの世にはいません。

そして毎回さまざまな女性のお話を聞くたびに、その方の中の「理想の男性」を作り上げている黒幕は、実は別に存在している！　と感じています。

その「黒幕」とは、ズバリ「お母さん」です。

「男性なんて、こんなもの」とお母さんから教えられた！

そもそも私たちが無意識に抱く「男性像」はどこから来ているか、考えてみましょう。

「女性の男性像は、生まれたとき一番身近な存在である父親からのイメージで決められる」という説を聞いたことがありませんか？　かの有名な心理学者フロイトも「生まれてからすぐの家族関係が、その人の恋愛パターンを決定する」と唱えています。

そして私自身、数多くの結婚相談を受けているうちに、お母さんから伝えられてきたお父さん像が、女性たちの男性像に多大な影響力を与えているということを、日々確信するようになりました。

もちろん、お父さん自身の娘に対する言動や対応も、娘の男性観に大きな影響を与えます。

けれども「お父さんとそんなに仲が悪かったわけではないのですが……」と告げる女性の口から次に出る言葉は、

「お母さんとお父さんの仲が悪かったんですよね」

「お母さんがお父さんのことを悪く言うのが本当にイヤだった」

なのです。

かく言う私自身、母から植え付けられた「男ってこんなもの」というイメージを、大人になってからもずっと引きずっていました。

私の両親は、子どもたちの目の前でよくケンカをしていました。

旧国鉄の職員で夜勤が多かった父は、疲れた身体を引きずりながら平日の昼間に家に帰ってきて、ひたすら寝ていました。私は妹、弟がいる三人姉弟の長女で育ちました。子どもたちが三人集まればにぎやかになります。少しでも私たちが騒ぐと襖が開き、鬼のような形相をした父に怒鳴られ、私が殴られました。

父は起きている間は、母に対し、毎日「ブタ!」「死ねっ!」と叫び、テレビを見ながらお酒を飲んでいました。

父の怒鳴り声に対し、母はふだんはひたすら我慢していましたが、ひとたびキレると怒鳴り返し、夫婦の殴り合いが始まります。家の中が修羅場化する瞬間でした。

私は「なんとかこの争いがおさまってほしい……」と願い、母の味方をして父に反抗していました。父の存在が本当に疎ましかったのです。

父との会話は、怒鳴られるか、殴られるかのどちらかのみです。家の中はいつも緊張感に満ち溢れていて、親と話し合ったことなど一度もありません。一日に何回も「死ね!」と叫ばれるので、「お父さんは本当に私のことが嫌いなんだ」と感じていました。

親から「死ね!」と言われ続けた子どもに自己肯定感など育つはずがありません。

私はいつも自分を、「私は欠陥人間で愛されない存在なんだ」と認識していました。


そして母は、いつもどこか悲しげな表情で、

「男の人って気難しいの。だから、女は我慢しなくちゃいけないんだよ」

と言い続けていたので、

「世の中のお父さんという存在は、すべてとても怖い存在なのだろう」

と信じていました。ほかにも母からは、

「男ってね、浮気するのが当たり前なんだから」

「男はお給料を一日で使ったりするものよ。お父さんが飲み屋で借りたお金を、小さいあなたを連れて返しに行ったこともあるのよ」

などと聞かされていたので、私の中で、

「男性って女性を困らせる生き物なんだ」

というイメージができあがっていきました。


ここでは私の体験をお話ししました。体験の差はあれ、私のように両親の夫婦関係や破たんした結婚生活が、自分の内面に深く根を下ろしていらっしゃる方に、実によ

く出会います。

現に、「結婚したいけれどなかなかできない」と私のところに相談に来られるみなさんの口から出る言葉を注意深く聞いてみると、

「うちの両親の結婚が幸せじゃなかったんで、母のようにはなりたくない。そうならない人と結婚したいんです」

「母が父の悪口をずっと言っていたので、もしかすると男性に対する目線が厳しいのかもしれません」

「母から『結婚は苦労するものよ』と言われていたので、結婚はしたいけれど、お金とか女性とかで苦労するのはイヤ…といった迷いがあります」

というように、みな結婚をためらう原因に、お母さんとのつながりがありました。

私のケースと同様に、子どもの頃から両親がケンカばかりしていたり、表面上は仲が良くても、お父さんのいないところでお母さんがお父さんの悪口を言ったりしているると、娘たちは、

「お父さんのような男性は絶対にイヤ」

という固定観念を持って成長していきます。

子どもにとってお母さんは絶対的な存在です。お母さんの一言はそのままストレートに子どもの耳に入っていき、「お母さんの価値観が絶対に正しい」と信じて生きていきます。そのため、子どもの頃からお母さんに植え付けられた男性像が、私たち女性の結婚観に大きな影響力を発していると言えるのです。

すると、大人になってからもどこか男性に対して意地を張ってしまったり、うまく甘えることができなかったり、あるいはお父さんと同じような「モラハラ男」につかまってしまったりして、「なかなかいいと思える人がいない」という状況が、何年も続いていきます。

これは、どんなに容姿が美しくても、どん

お父さんのような男の人と
結婚するのは絶対にイヤ

なに高学歴でも、どんなに華やかな職業に就かれている方でも、ご相談に来られる方たちに共通して起きている現象です。

その一方で、お父さんに対していつも感謝の念を持ち、夫婦仲が良く、お父さんから大切に扱われているお母さんを見て育ってきた女性は、

「男性は女性を大切にしてくれる存在なんだ」

というイメージを持って成長していきます。

彼女たちは、比較的早い年齢で結婚していきます。実際そんな女性たちは、私の相談所に、「なかなか出会いがなくって〜」と来られても、やはり短期間で結婚していきます。

なぜなら、自分を大切にすることを知っていて、自尊心が高く、卑屈ではないからです。さらに、素直で笑顔に嘘がないため、愛嬌があります。

また、私の周りの友人たちの中でも、何の問題もなくスムーズに結婚していくのは、家族の仲が良く、特にお父さんから大切にされて育ってきた女性ばかりです。彼女たちの実家にお邪魔すると、その居心地の良さ、穏やかな空気、やさしいお父さんの姿に、「世界が違うなー」と、自分の育ってきた家庭を振り返ったものでした。

自分の結婚観や男性観がどこから来ているのかを、考えてみてください。

お母さんから聞かされ続けてきたお父さんのイメージがあなたの結婚の邪魔をしていないかよく考えてみてください。

子どもの頃から、お母さんにお父さんの愚痴や悪口を聞いて育っているなら、過去も、現在も、お母さんからの「男性像フィルター」がかかった状態で男性の言動を受けとめてしまっている可能性があります。

そのフィルターを外していくことで、結婚の道を開いていくことができるのです。

2 何かを決めるときに浮かぶのは、誰の顔？

あなたは何かを選ぶとき、本当に自分の意思でそれを選んでいますか？

たとえば洋服。

本当は赤やピンクといった華やかな色のセーターを着たいと思っているのに、子どもの頃にお母さんから「あなたは地味な色が似合うのよ」と言われ続けた記憶が心をよぎって、いつも黒や茶色のセーターを手にしている……。

あるいは、友だちと一緒にご飯を食べていて、みんなが「デザート食べようかな」と言うのを聞き「私も食べようかな」と思いつつ、頭の中でお母さんの「甘いものは太るし、健康に悪いよ！」という声が響き渡り、頼むのを躊躇してしまう……。

これらはすべて、私の相談所の会員さんたちから伺ったお話です。

この話を教えてくださったみなさんは、何かを決めるときや、自分の意思を尊重しようとしたときに、決まってお母さんの顔が浮かんできて、無意識にお母さんの意思を優先してしまう自分がいると、悩んでいました。

その結果、

「自分はいつも何かに監視されているような気がする」

「毎日心の奥が泣いているような気持ちになる」

というふうに、自分が自分ではないような感覚に陥ってしまうそうです。

実際、このようなお母さんの好みという「しばり」は、恋愛や結婚のさまざまなシーンでも現れ続けます。

では、その例として、私とNさんの経験を、ご紹介しましょう。

うん、そうだね……
あなたには
女の子らしいワンピースが
似合うと思うの

学歴、メガネの形、靴のサイズまで自分の好みや理想をぶつけてくる母

まず私自身の話からお伝えしましょう。私の母は、私が中学生の頃から、

「立教大卒の黒縁メガネで、足のサイズは二十七センチの男性がいいと思うのよ」

と言い続けていました。そして母は、

「そんな男の人がいたら、結婚しなさいよ、幸せになれるから」

と言うのです。なぜその条件がいいのか聞くと、母は笑って言いました。

「私が好きだった人だからよ。片想いだったけど」

理由もよくわからない母親のそんな戯言は、

「何言ってんの！　それはお母さんの好みでしょ。私の好みはもっと違うタイプだよ」

とはねつけるのが普通なのかもしれません。母との関係がそういった気楽で素直なものであれば、たとえ好きになるタイプが異なっていても、自由な気持ちで好みを伝え合うことができたはずです。

けれども、私と母の関係で、それは許されませんでした。

母が理想とする男性像に、私が好きになった男性が当てはまらないと、

「その人、立教じゃないの？　なんだ、残念ねぇ」

「その人、メガネは？　黒縁メガネって言ったじゃない」

「足のサイズは二十六？　ちょっと小さいわねぇ」

とダメ出しをしてくるのです。客観的に考えれば、単なる自分の理想の押し付けでしかないにもかかわらず、二十代の私は、

「母の願いを叶えなくちゃ幸せになれない」

と本気で思い込んでいました。

そしてそんな中、母の理想にピッタリ合う男性と出会うことができました。立教大卒の黒縁メガネ、足のサイズが二十七センチという男性を、友だちが紹介してくれたのです。彼を目の前にした瞬間、私は、

「キター！　この人と結婚を考えなくちゃ」

と本気で思っていました。完全に母の刷り込みが完了されている状態です。

けれども、何度かデートを重ねた結果、どうも会話が噛み合わず、趣味も合わず、人生に対する考え方もまるで異なっていて、デート中はお葬式のような暗さが漂っ

ていました。

当然です。自分の好みではなく母の希望通りの人と一緒にいたって、そこに愛が生まれるわけがありません。私はその彼と数ヵ月だけお付き合いをした後、お断りしました。

すると母は、悲しそうだけれど、どこかうれしそうな顔をして、

「やっぱりね。あんたじゃダメだと思ったわよ」

と、とどめの一撃を加えてきました。

当時の私は、なんとか母に認められたい。母から、

「よかったね、彼といると幸せそうね」

と言われるような恋愛をしたい。ただそれだけを考えて毎日を過ごしていました。

だからこそ、そのとどめの一撃を受けた私は、

「自分はダメなんだ、お母さんから言われる通り、自分は男性から愛されない人間なのだ」

と自己嫌悪に陥ったのでした。

「元カレこそ最高の結婚相手！」と、過去の恋人をほめるNさんのお母さん

昔、当時の恋人を母に紹介したとき、こんなことを言われました。

「ルックスもいいし、お勤め先もいいし、気が利くし、最高じゃないの。素敵よね、いいわよ、早く結婚しなさいよ」

と、まるで母が私の代わりに結婚しそうな勢いで推されたんです。でも結局、その彼とは半年後に別れてしまいました。

その後、母から何かにつけ、

「あの彼、もったいなかったわね。無理やり結婚しとけばよかったのに」

「もうあんたは一生独身ね。いい物件をいい時期にゲットできなかったんだから。最悪。あぁ、お母さん、孫の顔見られないのね」

とねちねち言われ続けました。

母からの執拗な言葉に嫌気がさした私は、恋に臆病になってしまい、お見合いを重ねても母の言葉が脳裏に焼き付いて、

「この人も元カレを超えてない」

となかなか前に進むことができませんでした。

母の好み通りに人生を送らないと、母の好み通りの人と結婚しないと、母から「お前は人生に失敗している」というメッセージを送りつけられたような気になってしまうのです。

お母さんの「好み」「価値観」＝「自分の価値観」ではない

私やNさんの体験からもわかるように、お母さんの意見に振り回され、刷り込みをされても、「お母さんから肯定されたい」と思ってしまう……これはとても苦しいものです。

その裏には、「愛されたい」という子どもの頃からの純粋な思いがあります。

どんなに理不尽で、心の底では自分には合わない考え方だと思っていても、お母さんの意に沿い、認めてもらい、肯定されるためなら、期待通りの行動をしようとしてしまうのです。

恋愛も結婚も、世の中のことも、自分の周りのことすべてを「お母さんの価値観」で見ることが幸せにつながると思い込んでいきます。

お母さんが認めていないことに対してはすべて「NO」と判断し、お母さんが賞賛することや全面的に肯定していることに関しては「それが正しい」と、幼い頃から無意識に植え付けられています。

でも、もちろんそれは「お母さんの考え方」なので、うまくいくわけがありませんし、「本当の自分」が満足するわけもありません。

確かに今までの人生はそうでした。

でも、これからもずっと同じで、本当にいいですか？

ましてや、恋愛も結婚も、するのは、自分。
お母さんが恋愛するわけでも、
結婚するわけでもありません。

何とか結婚できたとしても、その次は、

「結婚したら世田谷区（東京）に住みなさい。環境がいいから」

「子どもができたらうちからすぐの幼稚園に入れなさい。ママが送迎してあげるから」

「あなたはおかっぱが似合うって、ママ、子どもの頃から言ってるでしょ。長すぎて汚らしいわよ！」

などと、娘が何歳であろうと関係なく、いちいち口出ししてくるはずです。


食べるもの、洋服、インテリア、お風呂に入る時間、時間の使い方など、自分は本当はどれが欲しいのか、何をしたいのかを、自分の直感で考える癖をつけていきましょう。

そして勇気を出してそれを選択してみるのです。たとえ今までと180度異なるとしても、そこからあなたの人生が静かに、でも確実に変わっていくことを実感していきましょう。

選択の方法については、第二章でお伝えしていきます。

3 子どもの頃から制限されていませんか？

ここまで読んでいただいた中で、

「うちのお母さんはそんな感じじゃなかったけどな……」

と思う方も、記憶をたどってみてください。

子どもの頃、日常のちょっとしたことで、お母さんから制限されていたことはなかったでしょうか。

たとえば、門限。高校生になっても、

「五時に帰っていらっしゃい」

と言われていたことはありませんか？

あるいは、友だち関係。自分の友だちに対して、

「あの子はちょっとねぇ…おうちがねぇ…もう付き合うのはやめなさい」

と口出しされて、気まずい思いをしたことは？

あるいは、行き先。

「新宿から先に行くのは危険だから気をつけなさい」

と、まるで根拠のない制限をされていた方も、私の相談所にいらっしゃいました。

ほかにも、

「駅のトイレは汚いから入ってはいけません」

と、決められたり。

嫌いな食べ物を毎日泣くまで食べるように無理強いされたり、なりたかった職業や入りたかった会社に就職するのを禁止されたり。あるいはその逆に強制されたり。

好きだと思っていたことや、やってみたかったこと、または友だちの影響で欲しいと思ったものなどに対し、お母さんが反対することが多かったなら、あなたはお母さんからマイナスの影響をしっかりと受けている可能性があります。


娘にとって、お母さんは神さまのような存在です。自分のために食事を作ってくれて、風邪を引けば看病してくれて、お誕生日にはあなたの大好きな唐揚げやチラシ寿司を喜んで作ってくれたことでしょう。

でもよくよく考えてみると、あなたの人生は、実はお母さんの支配下で成り立ってきていませんか？

「お母さんの言うことを聞いていれば大丈夫なんだ」

とずっと思い続けてきてはいたけれど、心のどこかでそこから逃げ出したいと思い、

「私はこれをやりたいの！」

といった葛藤を感じたことが、あるのではないでしょうか。

ここで、私の相談所にいらして、後に結婚されたIさんのお話をご紹介します。

ずっといい子でお母さんに言いたいことを言えず、男性にも遠慮していたIさんの結婚

一人っ子だった私は、確かに門限も早かったんです。

「あまり遠くに出かけないで。とくに男の人は危険だから近づかないでね」

という母の言葉を忠実に守っていました。女子校だったというのもあって、男の人と付き合うことなんて、ほとんどありませんでした。家が好きだったし、母のことも父のことも好きだったし、

「このままずっと実家暮らしでもいいかな……」

と思っていたぐらいです。

でも、二十代中盤になってきたら、母から、

「そろそろあなた、いい人いないの？」

と聞かれるようになりました。

これまで母の言いつけをキチンと守ってきて、社会人になってからも会社と家の往復だけ。休みの日は母と買い物に出かけるぐらいでしたから、そんなことを言わ

れるなんて「青天の霹靂」でした。

母の勧めで大手の結婚相談所に入ってお見合いを始めました。素敵な人もいたかと思います。でも、デートで、男性に対して自分の意見が言えないんです。

なぜか。

これまで、全部母が、私の人生を決めてくれていたからです。

母の言うことを聞いていれば安心、という気持ちもありましたが、実は私が反対意見を言うと、母が怒ったような悲しいような顔をするのが怖かったんです。そのため、自分の意見がなかなか言えないまま大人になっていました。

その相談所で三十人ぐらいお見合いしましたが、結局結婚までは至りませんでした。

その後一念発起して、大安《たいあん》さんのところに入り、本当の自分の意思とは何か、自分がしたかったことは何かを探し始めました。そのすぐあとに出会ったのが今の夫です。

夫にはお見合いのときから、一緒にいるとなんとなく落ち着いた気持ちを感じました。口数は少ないけれどとてもやさしくて、デート中に私が急に体調を崩したときは、気長に待ってくれました。そしてそんな彼の前だと、素直な気持ちで自分の意見を伝えることができたんです。

今までどんな男性が目の前に現れてもなかなか言いたいことを言えなかった私が、初めて家族以上に自分らしさを出すことができる、安心できる相手だということに気がつきました。

彼に意見を言っても否定されることなく受け入れてもらえることに、「母との違い」を強く感じたんです。

このとき私は、

「母からやっと卒業できる」

と心底感じました。母の籠の中にいた私が、旅立つことができたのです。


必ず結婚したいと願うのなら、お母さんからの制限をすべて取り払い、まっさらの、本当の自分を探す旅に出る勇気を持つ必要があります。

お母さんに守られている籠の中は安心かもしれません。けれどもその籠は、実は「お母さんからの束縛」という名の「一生の牢獄」かもしれないのです。

そこに一生とどまり、一生同じ毎日を過ごす人生で、本当にいいのでしょうか？

4 自分が選ぶ男性はことごとく反対される

結婚の障害となるのは、お母さんから好みを押し付けられたり、制限されたりすることだけではありません。
最大の障害として立ちふさがるのが、「お母さんが思い描く、結婚にふさわしい相手の条件」です。
条件とは、職業や社会的地位であることが多いです。
ここでは、お母さんの提示する厳しい条件に悩んでいたCさんとMさんのお話をご紹介します。

お母さんが決めた「結婚の条件」から逃れられず、結婚を破談にしてしまったCさん

これまで結婚にたどり着くことができなかった理由は、母が指定したお医者さんか弁護士が相手じゃないと、自分は結婚できないと思っていたからだと思います。

でも、やっぱり自分がいいと思う人と結婚したい。

そう思って頑張っていたら、半年ほどで、誠実でやさしいサラリーマンの彼とつき合うことになり、婚約することができました。

彼といると何気ないときに幸せを感じることができ、心がほっこりして目の前の世界がやさしい色に変わるんです。また彼のご両親にも気に入っていただけたので、このままスムーズに結婚できると、信じて疑いませんでした。

ところが、母に彼を紹介しようとしたところ、

「私は医者か弁護士以外の人としか結婚してはだめだと言ったはずよ。そんな人と結婚するのは許しません！」

と大反対されてしまったのです。会ってもらうことすらできません。

しまいには、数日後に母は寝込んでしまい、私に背中を向け、無言で責めます。

「あなたが心配かけるからよ」

と。私はそんな母の姿を見て心が痛み、

「やっぱりお母さんに祝福されて結婚したい」

「私は医者か弁護士と結婚しないとだめなんだ」

と泣く泣く彼とお別れすることを決断したのです。

彼は「納得がいかない」と、私との結婚を望んでくれましたが、私は決意を変えることはできませんでした。


Cさんのケースは、子どもの幸せよりもお母さんの価値観が優先された結果でしょう。やっとの思いでつながった縁が、引き裂かれる結果となったのです。

では、Mさんはどうでしょうか。

お母さんの決めた「男性の条件」を打ち破り、自分らしい結婚を手に入れたMさん

私は、過去に二度、婚約破棄を経験しています。

一度目のときは、結婚の約束をしていた彼を実家へ連れていったら、母があからさまに嫌な顔をして、

「なんだか暗そうな相手ね。うちの家系に合わないわ。やめときなさい」

と一言言い放った結果、破談。

父は母の言いなりであるため、母が「イエス」と言わないことにはすべてが成り立ちません。私は泣く泣く彼との結婚をあきらめました。

それから数年後、ラッキーなことに、またいい出会いに恵まれました。

今度の彼は明るい人だし、職業もしっかりしている、きっと両親も安心してくれるだろう……と連れて行ったところ……、やはり母から、

「なぁに、あの人。挨拶の仕方がだらしなくて気に入らないわ。あと運転が下手。うちの家系に合わないわ、やめときなさい」

とピシャリと言われ、また破談に。

母は私に、

「早く結婚しなさいよ、年取ったら売れなくなるんだから」

とせっついてきます。でも、いざ相手を連れていくとことごとく反対され、結局結婚できない状態が続きました。

私は泣きながら、決心しました。

「たとえ母が受け入れてくれなくても、私は互いを支え合う結婚がしたい。自分の感覚を信じて、一年以内に結婚しよう！」

と。一年で五十回以上お見合いをしたと思います。そうして、再びいい男性にめぐり会いました。

今回の彼を実家へ連れて行ったときも、やはり母は、最初はいい顔をしませんでした。でも、今度こそ母の価値観を乗り越えるんだと心に決め、彼との絆を強め、妹にも協力してもらいながら、彼の良さを母に少しずつアピールしていきました。

そうして、最終的には、結婚の許しを得ることができました。

はたしてお母さんは、本当に自分の幸せを望んでいるのだろうか？

このお二人のお話は、昭和初期ではなく平成の、現代の実話です。

本来子どもの幸せを願うのが親というものです。娘が彼と一緒にいることで穏やかな表情をしていたら、喜んでくれるはずです。

それなのに、娘のうれしそうな顔を見ると機嫌が悪くなったり、反対するお母さんは、結婚への大きな障害となって目の前に立ちはだかってきます。

さらに、お母さんが娘を嫉妬するという問題もあります。

これは、お母さん自身が結婚生活の中で、何かしら満たされない思いを抱えていて、それが形を変えて噴出するというよくあるケースです。娘がいい男性と出会い、喜びをあらわにしているのを見ると、面白くないと感じるのでしょう。

「娘には立派な人と結婚してほしい」

と口では言っておきながら、

「結婚するなら私と同じように、いや、私よりもちょっと苦労するぐらいの相手がいい。そうすれば娘に同情できるから」

と無意識に願い、自分が思い通りにならなかった人生に対して、娘を支配することで、もう一度自分の人生の主導権を得ようとする力が働きます。

「私の思う通り、言う通りにしなさい」

というふうに、支配力を行使したいのです。

前述のMさんのケースは、まさにお母さんがMさんの幸せに嫉妬し続けた結果、なかなかOKを出してもらうことができませんでした。

お母さんの無意識の妨害を突破する気持ちを持つか、あきらめてしまうのか。それは自分の選択次第です。

本気で結婚したいと思う相手が現れたら、お母さんからの評価に屈することなく、あなた自身が「彼と結婚します」と堂々と宣言していくことです。迷わないこと。恋愛や結婚に際して、どうしてもお母さんが理解してくれないという場合は、彼との結婚を優先し、しばらくお母さんと連絡を取らない（挙式も写真のみか海外で二人だけで挙げるなど）くらいの気持ちを持つことが大切です。

それほど強い意思を持たないと、お母さんに振り回され、独身のままで一生が終わってしまう未来が待ち受けているかもしれません。

お母さんはもちろん大切な存在です。

お母さんを棄てろと言っているわけではありません。

ただ、お母さんはあなたの幸せを本当に願ってくれているのでしょうか。

それとも、お母さんは、無意識にあなたの人生をコントロールしようとしているのでしょうか？　「結婚」という人生の大事なポイントで、親との関係をしっかりと直視し、認める必要があります。

あなたの人生の主人公は「あなた」です。

自分が心から安心でき、信頼できる相手と新しい家族を作っていきたいと願うのなら、私はそれが、あなたの最大の幸せであると断言しましょう。

身内と言えど、その選択を邪魔することはできないはずです。

子どもは本来、親の空間から独立し、自分の力で生きていく存在です。

私たちはお母さんの所有物ではありません。

いつか親から巣立つために生まれてきているということを、忘れないでください。

5 いつも否定されていませんでしたか？

幼い頃からお母さんやお父さんに否定されながら育つと、自分を肯定する気持ちを持つこと自体、とても難しい試練となります。かく言う私もそうでした。

けれども、今こそ本気で未来を変えていきたいのならば、どこかのタイミングでこれまでの考え方やものの見方を捨てましょう。

「これまでいろいろあったけど、私は愛されていいんだ」

と自分で自分にＯＫを出してあげることで、どんなに大変な過去があったとしても、未来は変えることができるのです。

そんな「自分改革」に成功し、結婚されたＦさんのお話をご紹介します。

子どもの頃からいつも容姿や性格を否定され続けてきたFさんの場合

私の母は、女優の風吹ジュンに似たきれいな人で、若い頃から男性にモテていたそうです。お腹に私を宿したことで父と結婚しました。

母は自分の結婚に不満を持っていたのか、常に私は、

「お前ができたから仕方なくお父さんと結婚したのよ。苦労の連続。お前はちっともかわいくない！　ブサイク！」

と言われ続けて育ちました。そのため私は小学生の頃から、

「私は生まれてきちゃいけない子だったんだ。お母さんに似ていない私は幸せになんか絶対なれない」

と思い込んで生きてきました。さらに、父は私や母を暴力で支配し、家の中はいつも殺伐としていました。こんな環境のせいか、私はずっと怒ったような表情をすることしかできませんでした。ネガティブなマイナスオーラを身体中から出していたと思います。

それでも私は、何度も人生をあきらめそうになりつつも、心の底ではいつも、

「本当は私も自分らしく生きて、自分の家族を持ちたい」

と願っていたんです。

だからこそ、思い切って大安さんの相談所のドアを叩きました。

そして私は、今までの自分から卒業することを決めました。

まず、母からずっと言われ続けて、本当に嫌な思いをした「デブ!」という言葉を払拭するためにダイエットを頑張り、半年で十キロやせました。

自分をいじめず、自分の気持ちを第一優先にし、母から言われていた言葉を、客観的に捉える努力をし始めました。

「お母さんの言葉は、すべてお母さんが勝手に思って発したもの。自分は自分の道を進んでいいんだ、自分も幸せな結婚をしてもいいんだ」

と、未来に対する捉え方を変化させていったところ、すべての人が自分を罵るわけではないということ、自分には自分の魅力があるということがわかりました。

すると不思議なことに、男性から紳士的に扱われることが増えていきました。自分の思い込みが変われば現実は変わるということを、素直に認めることができたのです。

その後、半年ほど経った頃でしょうか。やさしくて穏やかな男性と結婚することが決まりました。

彼から「無理しなくていいんだよ、そのままの君が大好きだから」とプロポーズされたとき、「ムリだ、ダメだ、絶対できない」といった思い込みを作っていたのは環境ではなく、結局自分自身だったのだ、ということに気がつきました。そして、自分のことを、生まれて初めて愛おしく思えるようになったんです。

お母さんが否定するからといって、みんなが否定するわけではない

Fさんと同じような家庭で育った経験のある私は、彼女の心の叫びが痛いほど理解できました。

子どもの頃に、自分を一番認めてほしい存在であるお母さんに、真っ向から否定されながら成長すると、自分を肯定することができなくなります。

子どもにとって、家庭の中はすべて真実の世界です。たとえどんなにひどい現実が

やってこようと、それが当たり前で、「これが社会の常識なんだ」と思って育つものです。当然ですが、子どもは親の力がないと生き延びることができませんから、

「なんとかしてお母さんの愛情を勝ち取りたい」

「お母さんからちょっとでもいいから好かれたい」

「自分を受け入れてほしい」

などといった切なる思いを抱きながら、暴力や暴言に怯えつつも、お母さんの元にとどまります。

そして、自分への否定の嵐が過ぎ去るのをひたすら待ちながら生きてきた結果、考え方がつねに悪いほうに引っ張られる癖がついてしまうのです。


事実前出のFさんは、何の不自由もなさそうに見える幸せな人たちが憎く、彼らがいる場所ははるか遠い別世界で、決して自分は踏み入ることができないと思い込んでいました。ずっと被害者意識を持ち続けて心を閉ざしていたため、周りとうまく馴染むことができず、その結果「自分は愛されない」という思いから生まれる現実を作り出していました。

けれども、そんな今までの自分と努力して決別し、結婚に向かって挑む中で、いろ

いろなタイプの男性がいることや、自分を否定しない人もいるという事実を知り得て、Fさんは変わりました。

　Fさんはまた、自分の中に溜め込んできた怒りや悲しみを、「相手」になんとかしてもらおうという考え方があることにも気がつきました。その考え方を改めることが最大のターニングポイントだったと言えます。

　私がたくさんの結婚を見てきた中で思うのは、
「自分は大切にされていい」
「自分を大切にしてくれる人は存在しているんだ」
　と心に落とし込むことができたときこそ、結婚への本当の道が開けてくるということで

す。

今の自分をリスペクトし、自分を大切にして日々過ごしていくことは、同じように自分の人生を大切にする男性を引き寄せることにつながるのです。

6 お母さんの愛情を欲していませんか？

「彼にフラれました！　仕事もクビになりました！　もう自分一人ではどうにもならない！」

と勢いよく相談してくれた女性がいます。七年前に私のセミナーに参加してくださったEさんです。

Eさんはこの七年間、合コン、パーティー、インターネット、友だちからの紹介など、結婚するためにありとあらゆる活動を試みていました。付き合うまでには至るのですが、その後どうしても結婚までたどり着きません。

「どうしてかな？」と一緒に理由を探る中で、やはりお母さんとの関係性にこの原因があるという結論にたどり着きました。

Eさんは「お母さんの愛情が足りない」と感じていた過去にしばられ、現在もそれが続いていたのです。

子どものときからまったくかまってくれなかったお母さんとEさんの場合

うちは姉が小さい頃から病弱だったので、母は病院にいる姉につきっきりでした。それが普通だと思っていました。寂しかったけれど、自分のことは全部自分でやっていました。

食事も用意されていないときが多かった。だから、仕方なく自分で作るようにしていたら、しょうが焼きや肉じゃがといった料理は、小学一年生の頃から作れるようになっていました。洗濯も掃除も誰もやらないから私がやっていました。父はただ黙って家の中にいるだけで、会話もほとんどありませんでした。

母は私に対し、「いつもありがとうね」とか「あなたがいろいろおうちのことをやってくれたので助かるわ」といった声がけをしてくれていたのかもしれません。でも、この言葉は私の心に響いてはいませんでした。

私が小さいときから蓄積させてきた、

「お母さん、私のことも見て」

「お母さん、たまには一日ずっと一緒にいて」

という思いが変形し、大人になってから、目の前に現れる交際相手に対して爆発していったのでしょう。

それに気づいてからというもの、私はきちんと仕事を探し、男性に対する自分の行動を客観視し、相手の生き方も尊重することを心がけはじめました。

そうして毎日を過ごしていたら、いかに自分で自分に制限をかけていたかということに気がついたんです。

母に対しても父に対しても、実はずっと心の奥に怒りを感じていて、それを溜め込んでいました。でもだからと言って、それを交際相手が全て受けとめてくれると考えるのは傲慢だと思えるようになりました。

そんな心境の変化を感じていた矢先に、不思議と出会いがあり、とても素敵な彼に出会うことができました。

七年間あらゆる手をつくして頑張っても結果が出なかった私が、三ヵ月で結婚が決まったんです。

やはり、自分の中の母に対する寂しい思いを認めることができたからだと思います。

「私は、育った家庭でかなり寂しい思いをしたけれど、そのときできる限りのことをして、少しでも家族の助けになれたら……と思っていたんだよね」

と彼に明るく話してみたら、彼はゆっくりとうなずいて、

「よく頑張ってきたんだね。これからは共に助け合って生きていこう」

と言ってくれました。

もらえなかった愛情を相手に求めても、満たされない

Eさんのように、子どものときに親に甘えられなかったという悩みを抱える方は、男性に対して過剰な期待感を抱くケースが多いようです。

「もっと私にかまって」

「もっと私との時間を取って」

と相手の都合も考えず自分の欲求だけを望むがままに求める傾向があります。

ほかにも、過去の恋愛で彼に対し要求が高すぎたり、相手が思い通りに動かなかったりするとキレてしまうという相談者の方々もいました。みなさんやはり、

「親と自分の関係にしこりがあって、あまりコミュニケーションを上手にとれなかった」

と告げる方がほとんどでした。

では、ここからどのように人生を立て直していけばいいのでしょうか。

まずは、「自分を助けてくれる人を探す」という考えを捨ててください。自分の人生は自分で立て直す必要があります。

相手に期待しすぎていると、いくら出会いの場に出かけたり、相談所に入ったりしたとしても、相手と意思の疎通ができず、また泣きを見ることになります。

誰にもたよらず、自分の足で立つことが本当のスタートです。

そうして自分が変われば、世界が変わります。

恋愛でも結婚でも望む結果が出ていないなら、今の思い込みを取り去りましょう。

これからあなたは、どんな人にもなれるし、どんな新しい人にも出会うことができるのですから。

7 お母さんが厳しすぎる!!

いつもお母さんが何かと口うるさく言ってきた、しつけが異様に厳しかったという経験はありませんか？　それこそ箸の上げ下ろしから、姿勢、洋服、言葉遣い、学校の成績、進路、就職、そして恋愛まで……。

P43でお話ししたお母さんから制限されるケースと、似ているようで少し違います。とにかくお母さんが、「よかれと思って」という思いから、娘に対して非常に厳しい態度をとります。

今年四十二歳で結婚が決まったSさんも、このケースでした。

Sさんは年齢よりだいぶ若く見えて、ほんわかとしたやさしい雰囲気が魅力的な方です。「きっとこれまでにも結婚のお話があったに違いない……」と思って話を伺ってみると、厳しいお母さんの存在が、常にSさんの行動を阻んでいたのでした。

厳しいお母さんから常に注意を受けてきた
Sさんの場合

過去の恋愛で、二度ほど、結婚の話が出たこともありました。

でもうちの母、厳しくって。

子どもの頃から「しつけ」という名の暴力もありました。ちょっと肘をついて食事しただけでお尻が赤く腫れるまで叩かれたり、言葉遣いは丁寧にと逐一正されたり、背中にものさしを入れられて姿勢矯正などもされました。大学生になっても服装チェックをされたので、自分の好みの服なんてなかなか買えませんでした。

そんな家庭で育ったからなのか、私は男性を厳しくチェックしてしまうんです。デートで一度でも遅刻されるともう嫌いになっちゃうし、お店で使ったおしぼりの置き方が汚いともうイヤ。彼が車で道に迷ったりすると延々と文句を言ってしまうんです。結婚できそうだった人とも、最終的には私のダメ出しが原因で破談になりました。

男性と付き合っていく中で、いつも私は、

「この人は、こんなふうにいろいろ求める私を受け入れてくれるのかな」と探っているように思います。結局、自分に自信がないんです。

そんな私が、本当に求めているパートナーはどんな人なのか。「完璧な相手はいない」というのなら、結婚後どんなことを優先していきたいのか。

それを明確にしていく作業をスタートさせることで、だんだん自分が変わり始めたことを実感しました。

子どもの頃から無意識に母に植え付けられてきた、

「完璧な相手と結婚しなければ幸せにはなれない」

という勝手なルールは、もう守らなくてもいいんだと思えるようになっていきました。

結婚相手に求めるものを突きつめていったら、最終的には、

「私、本当はなんにもいらないな、細かいことはどうでもいいな」

「同じ空間で楽しくおしゃべりできればいいんだな」

というところに行きついたのです。

それと同時に、自分の中で、以前ほど「結婚」というものが大事じゃなくなってきました。重くなくなったと言うほうが正しいかもしれません。

こうしていい意味で力が抜けてきたときに、後に結婚する彼と出会うことができました。交際中に「またうまくいかないのでは」と不安になったり、「あ、こんなとこ嫌だな」とダメ出ししそうになったり、「どうせ自分はこれまでも何をやっても結婚できなかったし」と投げやりな方向に向かうときもありました。

そんなときは、その都度彼と向き合い、悩みを共有し合うことで乗り切りました。

「彼は、これからの人生、ずーっと一緒にいる人なんだ」

と思い、相手の気になるところは見逃し、自分から逃げないように必死でした。

「両親に反対されたらどうしよう……」

と思っていましたが、いざ彼を連れて行ったらとても喜んでくれました。

自分の価値観の「ものさし」ではかっているうちは結婚できない

Sさんはお見合い十三人目で運命の相手と出会うことができました。

お母さんから言い聞かされた価値観を振り払って自分の気持ちを優先した結果、自分の本当の人生を、やさしいパートナーと共に生き始めることができたのです。

「教えられた生活態度や振る舞いをきっちり守ることが正しい」

という価値観を子どもの頃から植え付けられていると、大人になってからの男性観に大いに影響が出るようです。自分が受けた教えに反している人は、感覚的に好きになることができません。

また、自分も間違いを犯してはいけないと、恋愛や結婚を意識した相手には特に正しい態度や振る舞いを心がけることから、ぐったりしてしまう傾向があります。

相手に受け入れてもらいたかったら、まずは相手と自分の違いを受け入れることです。相手と自分は、別々の人間なのだと。

これまで、長い時間を、それぞれの世界で生きています。すべての人が、自分と同じ価値観を持っているわけではありませんよね。

Sさんは、親からの厳しい「しつけ」という価値観に合格する人を探すことをやめ、本当に自分が求めるパートナー像を見つけることができたときに、流れが変わりました。

また、自分のいいところを見せるだけでなく、Sさんの不安や弱さを相手に素直に打ち明ける勇気を持ち、互いに心の底から向き合って認め合うことができたからこそ、結婚に結びついていったのでしょう。

8 お母さんを一人にしておけない……

Ｙさんは海外の大学を卒業され、外資系のＩＴ企業で働くキャリアウーマン。

とても聡明で温和な女性です。

Ｙさんは「結婚したい」と願いつつも、自分が結婚したら一人になってしまうお母さんのことが気がかりで、なかなか一歩を踏み出せないと、相談にいらっしゃいました。

お母さんのことを大切に思いながらも、どこか負担に感じていたＹさん。

そんな彼女が勇気を出して結婚を目指した結果、Ｙさんの環境をよく理解してくれる男性と結ばれることができました。そのお話をご紹介します。

一人身のお母さんを置いて結婚することをためらっていたYさんの場合

両親は、私が小さい頃に離婚しているため、ずっと母と二人で暮らしてきました。

「毎日お弁当を作って持たせてくれる母を置いて結婚してもいいのだろうか…」

そう思うと、なんともやるせない気持ちになります。

でも私も、自分の家族を持ちたい。結婚したい。このままは、イヤ。

そう思ってお見合いを続けていくうちに、「今回の彼は、どことなく安心する」と思える相手と付き合うことができるようになりました。彼とは職場が近いこともあって、毎週のようにデートを重ねていきました。

そして、自分が母子家庭で育ったこと、お母さんを置いて結婚することにためらいがあることなどを、勇気を出して、彼に素直に伝えてみました。すると彼は、

「じゃあ、君の実家の近くに住めばいいんじゃない？」

と、何も気にせずに、笑顔でサラッと言ってくれたのです。

心のどこかで、私は父親がいないことを負い目に感じていましたが、それについ

て彼のご両親も、親戚も、まったく気にしていませんでした。

私の悩みは嘘のように解消され、それから八ヵ月後の春の日に結婚しました。母とも変わらず良好な関係を築きながら、今の結婚生活を楽しんでいます。

「私は母を置いておけない」

「母を置いていく娘は、ひどい」

という思い込みから、一歩を踏み出せていなかったのでした。でも、踏み出して、自分の思いを優先させたら、案外簡単だったんです。

自分で自分の世界を閉ざしてしまうと、何も始まってくれないのですね。

時間は待ってくれない。過ぎ去る年月を直視すること

Yさんだけでなく、お父さんがすでに亡くなられていたり、離婚しているため、

「お母さん一人を残して結婚できない……」

と相談に来られる女性が、最近本当に増えています。

女性が結婚したい時期は、ちょうど、

「親の面倒は誰が見るんだろう？」

と不安になる年代と重なりますから、放っておけないことでしょう。

ただ、本気で結婚したいという強い気持ちがあるのでしたら、その願いを優先してください。

もちろんお母さんが闘病中などの場合は、迷いなくそちらを優先すべきでしょう。

けれども、もし今お母さんが元気ならば、あなたは、あなたが望む未来を手にするために動き、自分の家族を持ってから、改めてお母さんと適度な距離感で向き合っていけばいいのではないでしょうか。

いつまでもお母さんのことを心配していると、あっという間に年月が過ぎていきます。

親も老いていきますが、あなたも老けていくのです。

親がどんな状況にあろうとも、犠牲になる形で人生を歩んではいけません。

自分の家庭を作って自立し、一人の力で成長していくことに、責任を持ちましょう。

「自分は幸せになっていい」

ということに気がつきましょう。

そうすると、自然と家庭の事情を考慮してくれるパートナーが現れたり、ほかに選択肢がないという状況から抜け出す道も見つかるのです。

9 結婚さえすれば、本当に幸せになれる？

ここまでに、いろいろなお母さんとの関係性についてお話ししてきました。
いつの間にか自分をしばっていた「糸」に気がついたでしょうか。
「結婚すれば、この糸を断ち切ることができ、幸せへの道が開けていく……」
そう思うかもしれません。
でも、ちょっと待ってください。
結婚さえすれば、幸せになれるのでしょうか。
実は私は、この「結婚さえすれば幸せになれる」で大きな失敗をしました。

間違った結婚観を見直さなければ、幸せになれる結婚はできない

P28でもお話ししたように、両親がケンカばかりし、母が常に否定してくる家にいた私は、十二歳の頃から本気で、「こんな人生、早く終わらせたい」と何度も何度も自分の立場を恨んでいました。

そんな私の、漠然とした将来の夢は、「結婚」でした。

都内に実家があること、家にお金を入れること、そして身体が弱かったことから、「一人暮らしは絶対に禁止！」と言われていたため、

「家を出るなら結婚しかない」

と、思っていたのです。

とにかく早く結婚して、こんな家から、親から抜け出して、「家が一番ホッとする」と家族みんなが言える空間を作り、そこで笑っていたい、素の自分を出せる場所を早く自分の手で持ちたい、と願うようになっていったのです。

親との葛藤期間が長すぎたので、誰かに守られたいといった期待を結婚に向けていたのかもしれません。

こうして私は人生のゴールを「結婚」に定めました。

結婚する前に、母との関係や自分の結婚観、男性観を見つめ直す作業なんて一度もしないまま、

「結婚さえすれば幸せになれるに違いない」

と思い込んで行動していった結果、最初の夫と焦って結婚しました。

めでたく結婚したと思ったのもつかの間、その毎日は、笑えるほど父と母の関係に似たもので、顔を合わせればケンカ、外出してもケンカ、仲直りしてもまた違うことでもめ、些細なところを互いに否定し合い、穏やかな結婚生活とは程遠い状態。

「幸せになるために結婚したのになんでこうなるの？」

と、当時は思い通りにならない毎日にいら立ち、落胆しました。


けれども、そもそも「幸せになるために結婚をする」という考え方が間違っていたのです。幸せな結婚をするためには、まず自分が、

「何に、どんなときに、幸せを感じるのか」

を見つけておかなければならなかったのです。

父と母がケンカするのが日常だった家庭に育った私は、気がつかないうちに、「結婚とは互いを罵り合うものである」という結婚観を持っていました。その結果、両親と似たような結婚を選択していたのです。

「人生の幸せ」＝「結婚」ではありません。

結婚に対する期待が大きくなりすぎてしまい、相手から幸せを受け取ることばかり考えていたからこそ、ケンカや言い合いの毎日になっていたのでしょう。

ずっと母の価値観が絶対だと信じ切って生きてきた人生から抜け出すべく、私は離婚をし、一人小さなアパート暮らしから人生の再スタートを切りました。

そして、離婚して結婚に懲りるどころか、子どもの頃からの夢だった「あたたかい家庭を持ちたい」という願いがまだ心の中に眠っていることに、気がついたのです。

でも、今までと同じ思考、行動をしていたら、また同じような相手が目の前にやってきてしまいます。

「これからは、これまでとは真逆の思考をし、行動を起こさなくては！」

と、まずは母からの価値観をいったんすべて否定するということから始めてみました。

母の価値観は、「男は身勝手で、女は我慢するもの」。

その真逆の価値観である、

「男性に愛され、大切にされ、家族仲良く暮らしている女性とはどんな思考を持ち、どんな行動をし、夫にどんな対応をされているのか？」

を研究していくことにしたのです。

自分の望む「幸せな結婚とは何か」を見つめ直す

子どもの頃、どんなに辛い体験をしたとしても、どんなにお母さんからモヤモヤとした言葉を言われ続けたとしても、たとえ離婚を経験したとしても、あなたは幸せな結婚をする資格が必ずあります。

けれども、いつまでも不幸な世界の考え方を持ち続けていては、不幸な結婚へとつながっていくだけです。

この章の最後に、もう一度結婚に対する考え方を、見つめ直してみてください。

「結婚したら幸せになれるのに」

と思いながら、恋愛したり、結婚を目指したりしてはいませんか？

親から何らかの形で逃げ出すための手段として、「結婚したい」と思ってはいませんか？

また、「逃げ出したい」とは思っていなくても、自分が結婚に何を求めているのか、相手に自然と求めてしまうものは何なのかを直視することなしに、ひたすら結婚というゴールを目指してはいませんか？


結婚はお互いを成長させるためにするものです。結婚し、生活する中で、時には思い通りにならずにイライラしたり、自分の気持ちがうまく相手に伝わらず悲しい思いをするときもあります。しかも頻繁に。

けれども、心の奥でしっかりとつながっている相手となら、ぶつかり合ったとしても、それぞれの価値観の違いを認め合い、お互いをさらに受け入れられる関係を築いていくことができます。

それが結婚の真のスタートです。

結婚を人生のゴールと決めつけないことから、まず始めてみてください。そして、結婚を信じる気持ちを育てることです。

では、二章からは、親の価値観から解放されて、幸せな結婚を手に入れるための準備をしていきましょう。

第二章

お母さんから
自分の人生を取り戻す
7本の糸

1 自分が求めている「幸せな結婚」を知る

この章の最初に、一番大切なことをお伝えします。

「結婚」は、あなたが現在思い描いているイメージが、そのまま目の前の現実となってやってきます。

「結婚とは苦労するものである」という思い込みがあれば、その通りの結婚生活になります。

「結婚とは女が我慢するものである」という思い込みがあれば、何度も我慢せざるを

得ないできごとが次から次へとやってきます。

前章の復習になりますが、結婚前の大事な今だからこそ、しっかりと考えてほしいことがあります。

それは、

「あなたが本当に求めている結婚のあり方とはどんな形なのか？」

を、見つめてみることです。

あなたのお母さんがお父さんを選んで送ってきた結婚生活は、すべてお母さん自らが選択した結果です。

あなたが親と同じ結婚のあり方を選択しないといけないという決まりは、どこにもありません。

第一章でお伝えしてきたように、お母さんが好み、認める男性を選ぶ必要もありません。

誰でも、「結婚したら幸せになりたい」と思って結婚します。

けれども、自分が求める結婚のあり方についてまったく考えず、ただ出会いの場に足を運んでいることがほとんどではないでしょうか。

すると、「親の結婚観が正しい」という思い込みのまま、相手選びだけに執着してしまいます。そのため、その後の結婚生活で、

「こんなはずじゃなかった」

という後悔が生まれる可能性が高くなるのです。

今は三組に一組が離婚している時代とはいえ、日本国内ではまだまだ「離婚」に対しての偏見の目があります。

結婚とは、恋愛のように「失敗したから次」が何度も通用する世界ではありません。

周囲からの信頼を失い、心に大きな傷を負います。

今あなたは、「不幸な結婚」でも「幸せな結婚」でもどちらも選べる人生の分かれ道にいます。

親の結婚も、親の意見も関係ない。

本当は、私は男性から大切に扱われたい。

私は、いつも笑い合い、話し合い、お互いに人生を応援し合えるパートナーと仲良く過ごしていく結婚をしたい。

そう願っているのなら、現実化することができます。


私は一度失敗を経験しているからこそ、できればみなさんには、永遠に安心できるパートナーと幸せな結婚をしてほしいと、心から願っています。

繰り返しになりますが、親の結婚も、お母さんの意見も、ひとまず置いておいて、自分が本当に願う結婚生活とはどんな形なのか、結婚したらどんな自分でいたいのかをあらためて考えていきましょう。

2 親と私は違う。私は私の結婚をする

では具体的に、自分が求める「結婚」をイメージし、宣言していきましょう。

なぜ、宣言することが必要なのでしょうか。

それは、「〜しています」と宣言することで、自分の心の奥底にある潜在意識が、自然と現実になるように引っ張ってくれるからです。

潜在意識に「結婚したい」「家族がほしい」というように伝え続けていると「〜したい」という願望の状態だけが目の前に現れてしまいます。

ですからここでは、現在完了形で宣言することが大切です。これはビジネスの成功者もよく使う手法です。

「私は愛し愛され、共に笑い合い、励まし合って結婚生活を送っています」

「私は旦那さんや子どもと協力し合い、それぞれの個性を認め合って、結婚生活を送っています」

「私は彼とよく話し合うことができ、互いの違いを理解し、いつもほめ合うことができる結婚生活を送っています」

このように、希望する未来を書き出してみてください。

つぎの欄に、短く書いて、宣言してみましょう。

私は＿＿＿＿＿＿＿＿＿＿＿＿な結婚をしています。

「結婚してからも、仕事を持ち続ける」と宣言する

次に、結婚後の自分の仕事について考えます。

「結婚と仕事と何か関係があるの？」

と疑問に思うかもしれませんが、大いに「あり」です。

今という時代に生きている限り、私たち女性は、どんなかたちであれ、仕事を続けるほうがいいと、私は思います。

経済的な自立は、精神的な自立につながるからです。

さらに、仕事を持っているほうが、圧倒的に結婚できる確率が上がるのが、「今」という時代です。


多くの方の結婚をサポートしてきましたが、近年男性たちからは、仕事を持つ女性を望む声が圧倒的に多く挙っています。

「自分も家事をやるので、仕事を持っている人がいい」

「サラリーマンなので年収が飛躍的に上がることは期待できないし、いつ会社がどうなるかわからないから共働きを希望したい」

というように。

夫婦が共に働くことによってリスク分散効果もあります。夫の会社で業績不調による大幅な収入減やリストラなどがあっても慌てなくて済みますし、金銭的にも精神的にも夫に頼りすぎない自分を確立することができます。

実際、私の相談所で結婚された方で、結婚後も仕事を続けている割合は9割にものぼります。みなさん、口々に声をそろえて言います。

「これまでずっと続けてきた仕事だし、この先ずっと夫の収入だけに頼るのは不安。子どもができたら育児休暇をとって、一人の人間として社会とかかわっていきたい。

将来のために貯金もしておきたいです」

「夫がゴミ出しを率先してやってくれたり、お皿を洗ってくれたりするので助かっています」

「結婚したら食事をきちんと作らないと…と頑張っていたのですが『無理しなくていいよ、たまには外に食べに行こう』と夫から言われ肩の荷が下りました」

このように、結婚してからも、みな夫の助けを借りながら仕事への意欲を保ち続けています。

「共働きは大変」というイメージがあるかもしれません。

また、「結婚したら専業主婦になりたい」という願いもあるかもしれません。

でも、自分と社会とのつながりを保ち、家計も分かち合うことがこれからの時代のパートナーシップと言えるのではないでしょうか。

では、「仕事をしながら充実した結婚生活を送る自分」の姿を思い描いてみてください。つぎの欄に、短く宣言してみましょう。


私は結婚したら、＿＿＿＿＿＿＿＿＿＿の仕事をしています。

「私は、親と異なる結婚をする」と宣言する

最後に「親の結婚」と「自分が理想とする結婚」を客観的に比べてみましょう。

前にも述べましたが、親の結婚が幸せなものではなくても、自分の理想とする結婚をあきらめる必要はありません。

今は「親と同じような結婚をしてしまうのが怖い」と感じるかもしれませんが、まずは静かに「自分が求める結婚と親の結婚は異なっていてもいいのだ」ということを認識してください。

「親の結婚はケンカばかりの毎日だった。でも、私が求める結婚は互いの価値観を尊重する結婚なので、私はその求める結婚を選択します」

「親の結婚は男尊女卑で母は父に絶対服従だった。でも、私が求める結婚は女性が働くことを応援してくれて、意見の交換が自由にできるパートナーとの結婚なので、私はその求める結婚を選択します」

などと、親の結婚と比べた上で、自分が望む結婚を書き出し、宣言しましょう。

「自分はその結婚を手に入れることを選択します」

という強い意志を持つことが大切です。

実際に、私の相談所から巣立っていった方々も、この宣言をしたことが自分への約束となり、さまざまな葛藤を乗り越えて望む結婚を手にしています。

では、つぎの欄に、短く宣言してみましょう。

親の結婚は　　　　　　　　　　　　だった。

でも、私が求める結婚は、　　　　　　　　　　　　なので、

私はその求める結婚を選択します。

3 本気で結婚したいなら、親と距離を置く

「恋愛でも、結婚でも、お母さんとどうしても意見がぶつかる。自分の望む方向へ行こうとするとお母さんがチクチク言ってくる。でも私は、私らしい結婚をしたい！」

この意思があるのなら、今こそ親と距離を置くときです。

もしあなたが実家に住んでいるとしたら、どうしてもお母さんの言葉が耳に入ってくるはずです。でも、お母さんの言葉を変えることは不可能です。

たとえば、毎日のようにお父さんの愚痴を吐いているお母さんが、明日急にお父さんのいいところばかり口にするようにはなりません。

自分のことを否定してばかりのお母さんが、急に「励まし系お母さん」に変身したりもしません。

お母さんはその価値観を信じて疑っていません。

それがお母さんの生き方なのです。

いくら、

「ねぇ、その悪口、いいかげんやめてほしいんだけど」

と言っても、お母さんからは、

「あなたに言われる筋合いないわよ」

「お母さんがどれだけ大変だったか、あなたにはわかんないのよ」

などといった反論の言葉が返ってくるだけです。結局また自分が嫌な思いをして、自己嫌悪に陥ってしまうことでしょう。


もしあなたがお母さんと一緒に住んでいるなら、勇気を出して一人暮らしをしてみましょう。

いつも愚痴や自分の気持ちの吐き出し相手だったあなたが家を出ると言うと、お母さんは見捨てられたような気持ちになり、激しく反対するかもしれません。あなたが自分の意思で動くことで、不機嫌になったり、嫌味を言ったりしてくるかもしれません。

けれども、本気で自分らしい結婚をしたいと思うのなら、お母さんから物理的に離れる勇気を持ってください。

すでにあなたは、一人でも立派に生きていける力があるはずです。

「今まで色々お世話してくれて本当にありがとう、私もいい年齢だから家を出て自分でなんとかやってみるね」

と、お母さんに宣言しましょう。そう告げることで、お母さんは、泣いたり罵倒したりしてあなたの独立を阻止するかもしれません。実際私の母もそうでした。でも、ここは踏ん張って家を出る準備をしていきましょう。

お母さんの声を耳にしない、自分だけの安心できる空間を手に入れるのです。

私の相談所の会員のAさんは、入会されてしばらくしてから、一人暮らしを始めました。すると、こんなことを言っていました。

「母からガミガミ言われていた時間がなくなると、なんて開放的なんだろう！と感じました。好きな時間にお風呂に入れるし、好きなときに寝ることもできる。これまではすべて母に言われるままに動いていたので、自分らしさを取り戻した気がします」

Aさんは、それまで出会いを重ねても、お母さんの厳しい目が気になってなかなか男性とつき合うまでには至らなかったのですが、家を出てしばらくして、素の自分でいられる男性と出会い、めでたくご結婚されました。

お母さんと離れることで、結婚に対する自分の本当の気持ちもじっくりと見つめ直すことができたのです。


お母さんの気持ちや感情に触れて、まったく影響を受けない人などいません。

常にお母さんの目があると、なかなか自分の感情を第一に考えられないものです。だからこそ、幸せな結婚の準備をするために、雑音がない環境をきちんと作ってあげることがとても大切なのです。

幸せな結婚をするための第一歩は、自分自身のケアをし、自分の本当の感情を優先的に感じ、人生を真正面から引き受ける強さを持つことなのです。

4 電話にしばらく出ない、実家に帰らない

前項は実家に暮らしている方のためのものでした。この項からは、一人暮らしをスタートした方、すでに一人暮らしをしている方も実践してみてください。

私が二度めの結婚をするために、心を鬼にして実行していたことがあります。

それは、母と電話で話さない、実家にしばらく帰らないということです。

なぜかと言うと、物理的な距離が遠かったとしても、母と話してしまうと、どうしても母の価値観で物事をとらえてしまうから。

ここまで紹介した方法で、せっかくニュートラルな気持ちになり、「結婚」に向けて動いていく決意をしたのに、お母さんのネガティブな考え方を耳にしてしまうと、その強力なマイナスパワーに巻き込まれ、視点がつい悪いほうに向いてしまいます。

私の母は、いつも私の体調を気遣ってくれて、傍目には「子どもを心配するいい母親」でした。けれども、離婚後に自分を立て直すにあたって、気がついたのです。

実は、「心配」という名のコントロールをされていたんだということを。

それまでの私は、心のどこかで、「お母さんって被害者意識が強いな」と思いながらも、隠し事をせずにこれまでの恋愛遍歴もなんでも母に相談していました。母は私が辛かったり、悩んでいるときはとても親身になって話を聞いてくれました。

けれども、私が幸せそうにしていると、不満そうな声で否定的な意見を言ってくるのです。明らかに喜んでいません。

私はその声を聞いて、

「あ、お母さんを悲しませてしまった。私は幸せになっちゃいけないんだ」

と、「自分の願い＝結婚」を手に入れることに対して、ずっと無意識にストップをかけていた気がします。

そのため、二度目の、本当に自分が望む結婚をするときは、

「今度こそ自分が育った家庭とは真逆の家庭を実現するために、母に連絡をするのは控えよう」

と決意したのです。母にすべてを報告せず、自分の考えで、自分の意志で、何を選

択していくかを決めて行こう！と。

二日連絡をしないと母から留守電が入っています。それに対しても私は折り返しの電話をしませんでした。留守電が三日たまったところで、こちらから電話し、「元気だよ、仕事が忙しかったの」とだけ簡潔に伝えていました。

その後二日電話しないと、再びかかってきましたが、こちらからは折り返さず、四日後、一週間後……と徐々にその期間をのばしていきました。

こうして少しずつ、母からコントロールされ続けていた人生から脱する日々を送っていったのです。

お母さんが踏み込んでこない「時間」が、新たな価値観を呼び込む

私のように、お母さんがあなたの人生に対して反対意見を言ってくるようでしたら、しばらく連絡を絶ってみてください。

最初はとても違和感を感じるかもしれません。親不孝だと思うかもしれません。

お母さんの声を聞かない期間がのびればのびるほど、心の中に余裕が生まれるた

め、これまで信じ続けたこととは別の価値観を取り入れる気持ちが生まれてきます。

そして、近くで穏やかに微笑んでいる人々の言動に、目を向けてみてください。

「お母さんから言われ続けていた考え方がすべてではないんだ」

「世の中にはお母さんと違う考え方を実践しながら人生を楽しんでいる人がいるんだ」

ということに気が付くことでしょう。それを、見て見ぬ振りしないことです。

人はみなさまざまな価値観を持ち、それぞれの生き方を選択し、それぞれの幸せを手に入れています。

お母さんとしばらく話さないことで、これまでなかなか変えることができなかった判断基準や人生観に広がりを感じ始めたとき、新たな自分となり、自分の望む結婚へと近づくことができるのです。

5 リラックスできる一人だけの時間を作る

お母さんから離れ、電話の時間を減らし、実家に帰ることも減らしていったら、今度は一人の時間を静かに過ごしてみる練習をしましょう。
土日のどちらかに何かしら予定がないと不安な気持ちになったり、「お母さんに会いに行かなくちゃ」と心のどこかで思ったりはしませんか？
その気持ちをぐっとこらえ、あえて孤独になる時間を作ることです。

一人の時間を過ごすとは、誰のためでもなく、「私を一番の優先順位」として考えることです。

「私は本当は何がしたいのか、何が好きで何が嫌いなのか」

と、自分の気持ちと向き合う時間をつくります。そして、これまで「一人でやるなんて、考えたこともない！」ということを、思い切ってやってみてください。たとえば、次のようなものです。

・一人遠方ランチ
・一人日帰り旅行
（気の向くままに電車に乗って気になった場所で降りてピンと来たお店に入ってみる）
・一人映画
・一人美術館めぐり
・一人舞台鑑賞
・一人BAR
・一人スイミング
・一人山登り
・一人神社参拝

ずっとお母さんから細かく指図されていたのなら、一人で行動することによって心の底からリラックスしたり、自由を感じられるようになります。
「一人でもけっこう楽しいんだな」という新たな発見をすることができます。

一人行動は、自分に対して、「幸せを感じてもいい」という許可であり、「私が私を幸せにする責任」を学ぶ時間でもあるのです。

「私の時間」を取り戻すことからスタートを切る

私も、この「一人で時間を過ごす練習」をしました。誰にも自分の邪魔をされず、好きなだけ寝ていたり、夜に一人で映画に行ったり、行ってみたかった近所のジャズバーに勇気を出して入ってみたり、図書館に一日中いてみたり、公園でパンを食べながら子どもたちが遊んでいる姿を眺めていたりしました。

昔からずっと、
「誰かがそばにいないとだめなんだ、彼氏がいない自分は欠陥人間なんだ」
という思いが頭の中を駆け巡り、「早く誰かと一緒にならなくちゃ」と考えて結婚

しましたが、それが失敗に終わった私です。まずはのんびり自分を休ませようと思ったのです。母と連絡を取らなくなり、

「あれがだめ、これがだめ、あんたはいつもそう」

といった一言が耳に入ってこないだけで、こんなにリラックスできるものなんだと感じたものです。

そして、母の目を気にして、洋服や食べ物、遊びに行く場所などを制限していたのを、すべて取っ払いました。自分が着てみたかった色の服、行ってみたかった少し遠くのレストラン、ずっと参加してみたかったイベントなどに足を運びました。

そこでは誰も自分を否定しません。みんな一緒に笑ってくれて、それぞれを認め合い、一緒に楽しみました。

それまではどこに行っても、何をしていても、

「嫌われたらどうしよう」

「何か変なことを言ってしまって場が凍りついたらどうしよう」

と思って、心から楽しむことがなかなかできなかったのですが、母と距離を置くことで「心から笑うってこういうことなんだ」と実感することができました。

また、同じ時期に、アダルトチルドレンの自助グループにも参加しました。私はここで家族の問題や、そこにいる自分自身の存在、今感じている親に対する気持ちやわだかまりなどを思いのままに話しました。

本気で自分の家族と真逆の結婚を望んでいるのならば、このような場に足を運んで、自分の思いをすべて吐き出す体験をしてみるのも大事なことだと感じています。

だからといって、ずっと「被害者意識」を持ったままで恋愛したり、結婚を目指したりすると、「類友の法則」が働いて、自分を否定しがちな人との縁ができてしまうこともあります。

あくまでも、

「これまでの自分はこう思っていたけれど、これからはこういうふうに感じていきたい、こういうふうに親と向き合っていきたい」

というふうに、自分自身に言い聞かせていくことが大切です。

6 「幸せな結婚研究」をスタートする

私が母の価値観から自由になるために、トライしたことがあります。

それが、「幸せな結婚研究」です。

離婚を経て私は、もう一度自分の目指す結婚について考えてみました。

自分が求める「家族みんなが仲良く暮らし、それぞれが好きなことをやりながらも決して咎められず、応援し合える家庭」を手に入れるためには、いったい何をしたらいいんだろう？

そうだ、それを既に実践している人たちのところに話を聞きに行こう！と。

自分が育った家庭とは真逆の世界を知ることに、最初はかなりの抵抗がありました。その明るく穏やかな空間に足を踏み込むことが、怖かったのです。

どうしても羨望や嫉妬の感情を第一に感じ、自分とは住む世界が違う人たちだという思い込みもありました。

けれども、実際に自分が求めている未来は、彼らが実践していることにあるのです。だったら毛嫌いしないで飛び込んでいく必要があります。

家族仲良く穏やかに暮らしている「幸せな結婚生活」を送っている人たちは、意外と近くに存在しているものです。

私の場合は、会社の上司、先輩、同僚、新しくできた友だち、趣味で集まっていた仲間の中に、幸せな結婚をしている人たちがたくさんいました。

今まで私は、自分の親を通し、

「結婚とは苦労するものである」

「結婚は楽しくない」

「結婚は女性がガマンするものである」

という価値観で「結婚」をとらえていました。

一方、幸せな結婚をしている人たちは、

「結婚とは互いを成長させるものである」

「結婚とは互いに助け合うもの」

「結婚とは時に共に笑い、共に泣き、励まし合っていくもの」
「結婚とは、パートナーを自分とは別の人間と捉えること」

などという価値観を持っていたのです。

それまでの私の結婚に対する価値観とは１８０度異なり、衝撃を受けました。

彼らはみな、出会う段階から幸せな結婚観を持っているからこそ、いい人とめぐり合うことができたのでしょう。

それまで、ただ相手を探しまくって結婚さえすれば幸せになれると思い込んでいた私は、なんと浅はかだったのだろうと、気付くことができました。

一度結婚に失敗し、「違う惑星に住んでいる異星人の暮らしをのぞいてみよう」くらいの気持ちでドキドキしながら扉を叩いた私に、幸せな結婚をしている人たちは、驚くほどやさしく、あたたかく、静かで強いメッセージを投げかけてくれました。

「大丈夫、ケイコちゃんは必ず幸せな結婚ができるよ。その資格をもう一度与えてもらえたと思えばいいんだよ」

と。

幸せな結婚をしている人と不幸な結婚をしている人の違い

幸せな結婚をしている人たちの共通点は、気持ちに余裕があることです。

だからこそ、人の幸せを心から願うことができます。

また、「私は幸せ！」とおおっぴらに周りに伝えるのではなく、慎ましく暮らしているのも特徴の一つでしょう。

私は、できる限りたくさんの「幸せな結婚家庭」をたずね、お話を聞き、夫婦の会話について質問を投げかけてみました。

すると「幸せな結婚」をしている人たちは、つぎのことが共通していることがわかりました。

❶相手を思い通りにしようとしない
❷相手のことをとても大切に思っている
❸自分の価値観だけが絶対と思わず、広い視点で社会を見ている
❹相手に対し、感謝の言葉やねぎらいの言葉を投げかけている

❺自分に対する信頼感がある
❻人に対しあまり深入りしないので、人間関係の悩みが少ない
❼相手が自分と異なる意見を持っていても、新たな価値観として取り入れる
❽いつも笑顔で相手の幸せを考えている
❾自分の人生をしっかり生きている
❿一緒にいると気持ちが明るくなる

一方で、不幸な結婚をしている人たちは、つぎのような共通点があります。

❶幸せな人を喜べない
❷話をすぐに暗い方向へ持っていく
❸「でも……」と必ず非難、否定する
❹いい話でも必ずネガティブ要素を探し出そうとする
❺悪口や愚痴のオンパレード
❻一緒にいると気持ちが暗くなる

幸せな結婚をしている人と、不幸な結婚をしている人の間には、明らかにさまざまな違いがあります。

その違いとは、❶人生に対する考え方、❷相手に対する接し方、❸自分自身に対する評価の仕方です。

この三つを結婚する前に変化させていくことで、これからの出会いの質は劇的に変わっていきます。

幸せも不幸も伝染します。愚痴や悪口、不満ばかりを言う仲間たちといると、そんな毎日が当たり前だと思い込むようになり、また愚痴を言いたくなるできごとがやってきます。

今からそれをやめて、

「幸せな結婚をしている人たちだったらどう考えるんだろう？」

「どのように対処していくんだろう?」

と考える癖をつけ始めてみてください。すると、目の前のトラブルに対して、「幸せ目線」で物事を捉えられるようになります。さらに、起きるできごとは、すべて自分の成長のために必要なことなんだと思えるようになっていくでしょう。


「『結婚したい』といろいろがんばっているのに、なかなか結果が出ない」

「うまくいきそうだったのにまたダメだった」

というようなときこそ、この「幸せな人目線」で、目の前の現実を考えてみてください。


出会いはすべて自分にとって必要な経験です。今の自分に必要だからこそ、さまざまな男性が現れ、何か「学び」を伝えてくれています。

その「学び」に目をそらさず、

「今の自分にとって、こういう考え方が必要だからこそ、こういう状況が起きたんだな」

と考えられるようになっていくと、だんだん出会う人の質が変わっていきます。

出会いは「わらしべ長者」みたいなものです。

結果的に実を結ばなかった相手から受け取った「学び」を、「ギフト」として自分に落とし込みましょう。そして、お母さんから受け取ってきた「男性はこうあるべき」という思い込みを薄めていきましょう。

すると最後には、本当に安心できて、心から信頼できるパートナーとの「ご縁」がやってきます。

そんな素敵な未来のために、ぜひ「幸せな結婚の世界」にいる人たちとの交流を広げていきましょう。

7「一歳でも若く結婚する」という意識を持つ

この章の最後に、少し厳しいことをお伝えします。あなたが日本国内で結婚をしたいと望んでいるのならば、一歳でも若く結婚する意識を持つことです。

一年以内に婚約or結婚すると心に決めること。

今までどんなにがんばってさまざまな出会いの場に足を運びダメだったとしても、恋愛でいくら失敗続きだとしても、

「今日から一年以内に婚約、結婚するんだ」

と自分に宣言してください。

ここで注意してほしいのが、お父さんと幸せな結婚生活を送ってこなかったお母さんがいる場合です。そんなお母さんほど、あなたの結婚をさりげなく阻止しようとしてくるでしょう。不満ばかりの毎日を過ごしてきたことから、娘の幸せを無意識に妨

害しようとします。娘だけが幸せの世界に旅立つのが許せないのです。

「まだ結婚しなくてもいいじゃない、お友だちだって独身の人が多いでしょ」

「結婚したって、幸せになれるなんて限らないんだから」

このようなお母さんの言葉を鵜呑みにしてはいけません。

その言葉を信じきって、四十歳を超えてから、

「実家の母に甘やかされすぎてここまで来てしまいました」

と私のもとにご相談に来られる方も、大変多くいらっしゃいます。


今の時代「適齢期」という言葉は死語になったようでいて、やはり死語ではないように思います。十年前に比べても、独身者に対して「結婚しないの？」と聞くことはますますタブー化され、人権的な問題だとマスコミで取り上げられる時代となってはいます。


でも、四十代の女性の結婚のサポートをしていて日々感じるのは、お母さんからの影響に加え、女性は年を重ねれば重ねるほど理想が高くなり、プライドが高くなり、そして男性に対する欲求が高くなっていくということ。

一方で男性のほうはというと、やっぱり「結婚して、子どもが欲しい」と思って相

談所にご入会される方がほとんどです。

多くの結婚を見てきたからこそ言えることですが、結婚を先へ延ばせば延ばすほど、出会う確率も、結婚までたどり着く確率も減っていくのが現実です。

そして、正直なところ、今の日本国内における四十代の結婚は、かなり覚悟して動かなければ、結果に結びつけるのが困難です。

その時になってお母さんのせいにしても、もう遅いのです。

結婚できない理由を親のせいだけにしていると、婚期を逃す

現代の結婚は、人に決められてするものではありません。

私たちが、自分の意思で、自分の希望で、相手を選べる時代です。

江戸時代の結婚に比べたらなんと恵まれてありがたい世界に生きているんでしょう！　時代劇で当時の結婚の様子が出てくるたびに、私は感動の雄叫びを挙げたくなります。

「私が結婚できないのはお母さんがお父さんを悪く言っていたからだ」

「親の結婚が幸せなものじゃなかったから、自分の恋愛や結婚に影響があるのだ」

という思いにつながってしまう気持ちもよく理解できます。

けれども、「幸せが続く結婚」を本気でしたいと願うのなら、結婚できないことを親に責任転嫁しないことです。

子どもの頃の育てられ方を理由に、「どうせ私は選ばれる存在じゃないから」と開き直る考え方は、もう捨ててください。

「三十歳を過ぎたら人生の舵取りは自分でする」

と責任を持つことを誓いましょう。

そして、本当の自分で結婚するために、自分改革をする決意を固めましょう。どんな親に育てられても、幸せな結婚をしている人は存在しています。

三十〜四十歳の十年間は、結婚したい女性にとっての黄金期です。その十年間の一年一年を無駄にしてはいけません。

三十歳をすでに何年も過ぎているのに、自分が動けないことやうまくいかないことを親のせいにして愚痴っていても、そこから何も、人生は動いてはくれません。

むしろ、あっという間に四十歳、五十歳となり、

「あぁ、あの数年間やっぱり気持ちを切り替えて動けばよかった」

という後悔の念にさらされてしまいます。

今日があなたにとって一番若い日です。
本気で結婚を考えているなら、
お母さんからの言葉に惑わされず、
男性に多大な期待を持ちすぎず、
「今日から一年以内に決める！」
という意気込みを持ちましょう。

親とあなたは、別の人格なのです。今こそ、親から自由になる気持ちを持ち、親とあなたの価値観を別々に考えてみる訓練をしていきましょう。

第三章

結婚できる自分になるための10本の糸

1 自分で自分にＯＫを出してあげる

第二章では、物理的にお母さんと距離を置き、本当の自分を取り戻して結婚するための準備ができました。この章からは、さらに自分の内面の改革を進めていきます。

私は心の中に「愛情タンク」があると信じています。

心から安心できる相手と結婚するために、自分で自分の愛情タンクを満たしていく必要があります。

この愛情タンクがカツカツに乾いていると、すぐに男性に対して過剰な愛を求めたり、自分を卑下したり、幸せな人を羨んだりと、表情も暗い毎日が過ぎていきます。

愛情タンクを「自分で」満たすにはどうしたらいいのでしょうか。

それには、誰の目も気にせず、まず自分の希望を優先していくことです。

親（特にお母さん）が作った自分は「本当の自分」ではありません。「本当の自分」を知るということは、自分の気持ちに正直になり、自分の欲求を知ることです。

そして、そのためには、自分に自信を持つ必要があります。

これがなかなか難しい！　実際、私のもとに相談に来るみなさんの中でも、「自分に自信が持てないんです」と悩む方が非常に多くいらっしゃいます。

その原因として、大きく分けて次の5つがあります。

❶子どもの頃から親に認められなかった、ほめられなかった
❷親から厳しいしつけや過干渉を受けていた
❸子どもの自立心を許さない親に育てられた
❹小学生、中学生の頃に、いじめにあった
❺上司や同僚に冷たく扱われた

❶、❹、❺の原因を持つ方々は、セルフイメージが低いことが多く、自分のことを「能力がない」「私なんて結婚できるわけがない」と思い込んでいることが多々あ

ります。

❷の方々は「自分はこうあるべき」という完璧主義にはまり込んで、なかなか自分を認めてあげられない傾向が強くあります。

❸の方々は、自分が幸せになることに罪悪感を感じてしまう傾向があります。

これらのマイナスの魔法をとくために、いつまでも王子様の出現だけを待ち望んでいては、おばあちゃんになってしまいます。

今こそ、自分で魔法をとくときがきたのです。

自分を受けとめる練習をスタートする

まず、どうか自分を嫌わないであげてください。短所は短所と受け入れ、いいところを伸ばしていくのは、結局自分自身でしかできません。お母さんから、

「あなたの顔は男性から好かれるタイプじゃないのよ」

「あんたなんか誰からも相手にされるわけがないよ」

などと言われた苦しみを抱えてきたのかもしれません。

でもそれは、あくまでもお母さんの主観から発せられた言葉です。すべて信じ切る必要はありません。

お母さんのマイナスな言葉のパワーを消し去るために、自分を認めてあげることです。これは、結婚前にしておくべき何よりも大切な第一歩です。

「自分を認める作業」は、P129の❶〜❺のタイプによってそれぞれ異なります。次からタイプ別に説明していきましょう。

❶子どもの頃から親に認められなかった、ほめられなかった人は？

❶、❹、❺に当てはまる方は、まず周りから言われたほめ言葉や肯定的な言葉を自分自身に落とし込んでいきましょう。

私たちは、これまで出会ってきた人すべてに否定されたり、けなされたりしてきたわけではありません。前向きな応援の言葉を投げかけてくれる人がいたり、「あなたのここがいいところだよ」としっかりと言葉に出して伝えてくれる人がいたり、頑張りを認めてくれたりする人も、必ずいたはずです。

親から真の愛情を受け取っていないと感じていたとしても、ほかの人々から与えられてきたやさしさや肯定の力が、自分を伸ばしてくれることを知りましょう。そして、じっくり思い出しましょう。どんなポジティブな魔法の言葉をもらってきましたか？　次のように、過去に言われたポジティブなほめ言葉を書き出してみてください。

・やさしい
・努力家
・笑顔がかわいい
・髪がきれい
・仕事が早い
・しぐさが女性っぽい
・おもしろい
・センスがいい

目を閉じて自分自身に向かって「私はやさしい」と声に数回出し、その言葉が全身に染み込むようなイメージを思い浮かべてみましょう。

続けて、「私は努力家」「私は笑顔がかわいい」「私は髪がきれい」というふうに、書き出した言葉を、ゆっくりと静かに自分の心と身体にインプットしていきます。

周りから伝えられてきたあなたの良さ、素晴らしさを、ぜひ自分の武器として認めてください。

❷親から厳しいしつけや過干渉を受けていた人は？

第一章に登場したSさんのケースのように、親から厳しいしつけやしきたりを叩き込まれると、自分自身に対する「ダメ出し」も多くなります。さらに、相手の足りない面ばかりに焦点をしぼってしまい、どんなに多くの人とデートを重ねても満足せず、ひたすら終わりのない出会いを求め続けるという状況に陥ってしまいます。

そのようなことから、❷に当てはまる人は、できない自分を許すこと、心のゆとりを持つこと、何かが足りないと思い過ぎないことを自分に言い聞かせましょう。

そして、自分の周りにいる自由奔放に生きている魅力的な人を探し出し、その人たちを少しだけ真似てみましょう。

彼らのことを別世界の人間だと思い過ぎず、たまには羽目を外して飲みに出かけたり、風にそよぐ木々や美しい花たち、生命力あふれる緑の中に身を置いてのんびりしたり、夕日を眺めたり、海の音を聞きながら何も考えずボーっと過ごしてみたりしてください。

「私はこのままでいいんだ。この自分を受け入れてくれる人が必ずいる」

というふうに、今の自分を認めてあげることが、恋愛や結婚において、相手を受け入れる何よりのスタートになります。

❸子どもの自立心を許さなかった親に育てられた人は？

❸に当てはまる人は、「私の人生は私のもの」という考え方を、自分の中にインプットすることです。
「お父さんとお母さんの仲をなんとかして修復したい」

「自分が動かないと彼らは幸せになれない」

「自分の人生は親に振り回されている」
という考えを捨てましょう。

親には、彼らなりの学びがあるからこそ、その状態が続いているのです。何かうまくいかないことが親の間にあったとしても、それは彼らの問題であって、子どもが解決する必要はありません。

あなたはあなたの人生を生きていきましょう。

自分の感情を第一に尊重しながら、毎日を大切に生きていくことです。

親のために生きることをやめて、「私を大事に扱う」という感覚をとにかく多く感じましょう。

「私は幸せな結婚をしていい」と認めることがご縁をつなぐ

私が相談所を主宰するようになってから信じ続けていることがあります。

それは、結婚したいと願う方は、その願いを現実化させる力を持っているからこそ、その夢を抱いている、ということです。

過去に結婚していった方々の中には、親から否定されていたり、いじめにあっていたり、元カレから辛い言葉を投げかけられたり、大失恋を経験したりした方がたくさんいらっしゃいました。

でも、みんな自分の人生をあきらめなかったのです。

過去のことは過去として、今ここからできることを実行していました。

自分の愛情タンクを自分自身で満たし、「自分は幸せな結婚をしてもいいんだ」と言い聞かせることを続けていった結果、自分を大切にしてくれる男性との「縁」がつながりました。

「縁」とは、自分が発するものから始まります。自分が発するものを受け取る人が応えてくれる、それが「縁」です。

幸せが続く結婚を心の底からしたいと願うのなら、今日から自分自身を自分で否定するのをやめましょう。

今、元気に、精一杯生きているあなたは、十分に立派で素敵な女性です。

自分を好きになり、「私は幸せな結婚をしていい」と認めることができると、恋愛や結婚の「縁」が変わっていきます。

2 結婚を遠ざけるネガティブな癖を直す

私のもとにカウンセリングに来られる方の中には、「もう既に何箇所かの相談所に登録していろいろしてきたけれど結婚できない」とご相談される方も多くいらっしゃいます。

そうして私のもとにいらっしゃってから、何度失敗しても必ず結婚していく方と、残念ながらどうしても結婚が決まらない方とに分かれます。

どうしても結婚が決まらない方には、次のようなある共通する癖があります。

❶会話がすべて「でも」で始まる

❷出会い、デート、お付き合いを進めていく中で、つねにマイナス面ばかりに焦点をあててしまう

❸自分の悪いところ、至らない点ばかりを見てしまう

❹感謝の気持ちが足りなさ過ぎる

これらの癖はみな、ご自身のお母さんの癖や言動がそのまま身についている可能性があります。この癖がどうしても抜けない方は、残念ながら結婚に結びつかないケースが多いのです。

一方で、幸せな結婚をしていく方たちは、相手が不快になるような話題はわざと避けています。その場の雰囲気が悪くなることは、あえてしないようにしているのです。

その代わり、体験して楽しかったこと、面白かったこと、興味深かったことなどを話してくれるので、一緒にいるとこちらも心がワクワクしてきます。

では、ちょっと自分の言動を振り返ってみましょう。

あなたが話しているとき、周りの人たちがどんな表情をしているか確認してみてください。眉間に皺を寄せてうんうんと聞いていたり、ちょっとうつむき加減になっていたりしたら、話題が楽しくない証拠です。

あらゆるものごとの「足りない面」にばかり焦点を当てていると、当然、毎日は不満や怒りでいっぱいになっていきます。もし「お母さんがそんなタイプだった」というのなら、なおさら自分の意思で視点を変え、「今の自分に恵まれていること」を感じ取る姿勢を育てていくことです。

このように言うと、すぐに「できない」「でも…」などと反論する方も多いのですが、視点を変えることができない限り、結婚に結びつく縁を引き寄せることは難しいのが現実です。

今までのやり方でうまくいかないのなら、今こそ変える勇気を持ちましょう。

このネガティブ癖を変えるために有効なのが、今日のうれしかったこと、ありがたかったこと、周りの人のおかげで成し遂げたことなどを、携帯電話にメモしていくことです。一ヵ月間、毎日感謝の日記をつけてみるのがおすすめです。

世の中のいい面、楽しい面に目がいき、「生かされてありがとう」と思える人こそが、自分らしい結婚へと進んでいくのです。

3 笑顔に自信を持てる自分になる

ところで、笑顔に自信はありますか？

合コンや友人の紹介、お見合い、パーティーなどの出会いの場やデートに行く前などに、笑顔の練習をしたことはありますか？

出会いの場でも、写真でも、「いい笑顔」は、必ずいい「縁」を引き寄せます。

とくに出会いの場において、相手と目が合った瞬間、自然とニコッと最高の笑顔ができる女性は、相手に好印象を与えます。

男性は、女性の笑顔を見るのが大好きです。女性に笑ってもらえると「あ、俺を認めてくれている！」と安心するからです。


でも実は、笑顔って、とても難しいんです。

自分ではしっかり笑っているつもりでも、口角が一直線だったり、目が笑いすぎて

細くなってしまったり、ぎこちなかったり、微笑んでいるつもりが真顔だったり。

「この女性、どうなのかなぁ？　ちょっと不安な感じるな……」

なんて、相手に初対面で思われてしまっては、せっかくの貴重な出会いのチャンスを逃してしまいます。

そのぐらい、女性にとって、笑顔は大切なアイテムです。

うまく笑えない自分を認め、最高の笑顔を引き出す練習をする

「笑顔がどうも苦手」「うまく笑えなくて」という人は、やはり親の影響があるかもしれません。

私も母から、

「あんたは笑ってないとブサイクだから、笑いなさい。だけど、大口開けてはダメ」

と言われていました。そのため、笑うことへの恐怖心がありました。子どもの頃の写真を見ると、どこかうまく自分を出せていない自分がいます。無邪気に笑う友だちを見ては、羨ましい気持ちでいっぱいになったものです。

「大口開けて笑うな」という一言がずっと脳裏に焼きついていたのがうまく笑うことができなかった原因のひとつですが、実は私の母も、口を開けて笑うのが苦手だったようで、どの写真を見ても口をつぐんでいます。母の影響はこういうところにも出るのか……としみじみ感じます。


結婚された元会員のUさんも笑顔がうまくできなかった一人です。

二つ年下の妹さんの容姿ばかりをほめる両親から、Uさんは、子どもの頃から、

「お姉ちゃんは笑うと目がつぶれるし本当に美しくないのよ」

と冷たく言われ続けました。心にそんな棘が刺さったまま成長したUさんは、口をぎゅっとつぐむのが癖になってしまっていました。

非難されながら育ったことが影響し、相手から認められたい、受けとめてもらいたいという欲求が強く、過去の恋愛では追いかけてはフラれ、感情をぶつけては相手が離れていく……そんな経験をしていました。

そんなUさんは、一念発起して、毎日鏡の前で笑顔の練習をしました。

なかなか笑うことができない日々を過ごしてきたため、最初のうちはぎこちない笑顔でしたが、だんだん彼女なりのやさしいスマイルができるようになり、出会いの場

でもうまくいくようになっていきました。

ついに結婚が決まったとき、相手の方から、

「最初に会ったときのふわっとした笑顔がよかった」

とまで言われたそうです。


Uさんや私のように、「笑うの苦手です」「うまく笑えないんです」という方はたくさんいらっしゃいます。苦手だからこそ練習が必要です。

笑顔は「練習」によって磨かれるものです。一に練習、二に練習。鏡の前でニコッと笑う練習をする以外に、上達の道はありません。

私も、二度目の婚活時代は、鏡の前で毎朝毎晩二十回ずつ、ニコッと口角を上げてやさしく笑えるようになる練習をしました。今でこそ自然に笑えるようになりましたが、それでもやはり練習は重ねています。

たとえ美人であっても、笑っていない人は、男性から敬遠されます。「私は美人じゃないし……」と思うのなら、なおさら笑顔の練習をしてください。

最初は小さく口を開けてそっと笑うだけでもいいのです。

鏡を見て、好きな女性芸能人の笑顔をイメージして笑ってみましょう。

（ちなみに私は松田聖子さんの笑顔が最強だと思っています。YouTubeでアイドル時代の松田聖子さんの笑顔をぜひ見てみてください）

女性の笑顔は人々に希望を与えます。旅先で、見知らぬ女性がニコッと笑ってくれた経験はありませんか？　とても安心感を感じますよね。

自分がされてうれしいなら、相手もうれしいはずです。

あなたが笑えば、彼も笑ってくれます。

目の前の彼の笑顔を引き出すためには、自分から先に、一秒早く笑うことです。

これは、結婚してからも心がけましょう。

妻の笑顔に、夫は安心します。私も夫に対して、「おかえりなさい！」と瞬時に最高の笑顔で言えるよう、いまだに鏡の前で練習をしています。

一日二十回、鏡の前で色々な表情をしながら笑顔の練習をしてみましょう。

笑顔は一日にして成らず。

あなたの笑顔は絶対に素敵です。そう信じて、最高の笑顔を修得してください。

4「自分がなりたい自分」になる!

お母さんが決めた自分は、「自分がなりたい自分」でしょうか?

「もっとキレイになりたい。自分らしくキレイになっていい」

まず最初に、そう自分に言ってあげてください。

お母さんがあなたに似合うと言って買ってきてくれていた地味服は処分。自分が着たいピンクのワンピースを着てもいいんです。パナマ帽も被っちゃっていいんです。

お母さんが決めた女性像から脱し、「私らしい私」になりましょう。

「自分も男性から愛される女性になっていいんだ」と認めてあげてください。

自分にキレイの魔法をかけ、世界を広げていくと、お母さんの心無い一言なども、だんだん気にならなくなっていきます。

今の自分を認めた上で、「女性として求められる私」になり、輝くために、「外見」をバージョンアップさせましょう。

ヘアスタイルをバージョンアップ！

まず、ヘアスタイルです。いつも行き慣れたヘアサロンに通い、「いつもと同じでお願いします」とリクエストされている方がほとんどではないでしょうか。

そのほうが安心ですし、「自分に似合うヘアスタイルはこれでいい」と思う気持ちもわかります。でも、今あなたは、親から自由になり、心から安心できるパートナーと出会い、結婚するために、この本を実践しようと決意したのですから、ここは街で一番オシャレだと言われるヘアサロンに勇気を出して行ってみませんか？

髪の色を少しだけ明るくし、

「私に合うヘアスタイルをお願いします」

と伝えてお任せしてみましょう。

ネイルをバージョンアップ！

ヘアスタイルを変えたら、今度は手先のケアです。私は「ジェルネイル」をおすすめします。ジェルネイルはマニキュアと違って、すぐに取れません。また、何気なく自分の指先を見たときや、仕事の合間に書類を指差したときなどに、自分の気分も上がります。

爪はあまり伸ばしすぎず短めに。デザインに関してはあまり派手なものだと男性から敬遠されますが、少しキラキラがついているぐらいのものは、指先に女性らしさが生まれます。パールピンクに少しラメがあるぐらいのデザインがおすすめです。

キレイな爪は「爪、かわいいね」と男性があなたの手に触れやすくなるきっかけになるかもしれません。

「仕事上、どうしてもジェルネイルはできない」という方は、出会いの場やデートのときだけ、淡いピンクのマニキュアをつけていきましょう。

メイクをバージョンアップ！

つぎにメイクです。私のもとにご相談に来られる女性で、

「メイクは自己流です」

と言われる方が、7割ぐらいを占めます。

大変失礼ながら、そう言われる方は、ファンデーションの塗り方がマット過ぎてのっぺりした印象だったり、下地を使っていないからか毛穴が目立っていたり、リップの色だけ顔から浮きすぎていたり、眉毛を抜きすぎて細すぎたり途中で切れていたりと、顔の印象に合っていないことがあります。

そんな方に、私は簡単なメイクレッスンを受けることをおすすめしています。

今はインターネットで「メイクレッスン」と検索すると、該当するショップや個人レッスンの情報がたくさん出てきます。高価なレッスンである必要はありませんので、一度トライしてみてはどうでしょう。自分の美しさがメイクの力でかなり引き出されることを、実感してもらえるはずです。

実際にメイクの腕を磨き、自分らしい美しさがわかった女性は、見違えるほど素敵になり、デートまで結びつく確率が上がるという実績があります。

そうそう、結婚を引き寄せるメイクでもっとも重要なのはチークなので、忘れずに。チークが乗ると、女性の顔はとてもやさしい印象になります。ピンクローズ系のチークを頬の一番高いところに少し入れてあげましょう。

ファッションをバージョンアップ！

次にファッションです。「自分らしい幸せな結婚をするんだ」と決めたのですから、まずやめるべき色をお伝えします。

黒です！

今日から下着を含め黒を着ることは一切やめましょう。

黒はシックではありますが、人を跳ね除ける色です。私自身、結婚相談所を主宰してから八年間、トップスで黒を着たことはお葬式以外に一度もありません。

色のある服は「福」を呼び込みます。私の相談所から結婚されていった会員のみなさんのお見合い写真を改めて見直すと、やさしいピンク色のトップスを着ている方がもっとも多かったのも、この論の裏付けとなるのではないでしょうか。

最初に私の元にご相談に来られる方は、無意識に黒、グレー、茶色の服を着ていることが多いのですが、私は必ず、

「お見合い写真の撮影はピンクや白、淡いイエローを着てくださいね」

とお伝えしています。明るい色の服を着ていると、顔の色がパッ！と明るくなり、とてもやさしい印象に変わります。

恋愛や結婚に関する場だけではなく、ふだんのファッションも明るい色味のものに変えていきましょう。仕事に行くときも遊びに行くときも明るいファッションをしていると、気持ちが上がってきます。

どんなに「ありのままの自分を愛してほしい」と思ったとしても、やはり男性は、その人なりに身なりに気を使っている女性を好きになります。

あなたがキレイになることで、親は文句を言うかもしれませんが、地球が滅びることはありません。少し磨くだけで、自分は必ず光り輝くと信じ、行動し始めましょう。べつに、顔の造形が芸能人に似ている必要はありません。

自分で自分の愛情タンクを埋めるために、まずは外見から見つめなおし、できるところから徐々に変身していきましょう。

5 幸せな結婚をしている人を味方につける

幸せが続く結婚をしたいと望むのなら、幸せな結婚をしている人たちの中に飛び込んでいく必要があるということを、第二章でお伝えしました。

いつまでも同じ境遇の人たちと、

「なんで結婚できないのかな〜？」

と言い続けていても、その「独身スパイラル」から抜け出すことはできません。

では、今自分の周りにいる人を、よく見てみてください。

幸せな結婚をしている人たちは、どのくらいいるでしょうか？

彼らを見つけたら、彼らから、幸せな結婚をするためにはどうしたらいいのかを素直に学び、真似をし、かつ応援してもらいましょう。

本当に幸せな結婚をしている先輩たちは決してあなたを否定しません。

あなたが間違った相手と交際しているときは叱咤してくれますし、逆に幸せが続く相手であれば、ものすごく応援してくれます。

実際のところ、幸せな結婚をしている人たちだって、毎日がずっとハッピーで、お花畑に住んでいるわけではありません。ただ、さまざまなトラブルや困難が訪れても、夫婦でよく話し合い、しっかりと向き合ってその問題を乗り越えていく「力」があるのです。

幸せな結婚をしている人たちが持つ冷静さ、柔軟さ、芯の強さ、人に対して非難しない穏やかさを、近くで学んでみてください。表面に見える部分だけで、「あの人たちは幸せだから自分とは違う」と判断しすぎないことです。

彼らから出ているやさしいオーラやあたたかい思いやりを拒絶せず、思いっきり身体と心で感じましょう。

そして私は、この方々を「婚活サポーター」と呼んでいます。

野球でもサッカーでも、チームのサポーターの応援によって、勝利できるかできないかに、大いに影響が出ます。

本当に自分が目指す結婚に到達するまで、この強力な「婚活サポーター」を一人でも多く持ち、応援してもらうことが、自分が一番幸せだと感じられる相手を引き寄せる重要なポイントです。


「あなたはここがダメでこうだから結婚できないんだよ」

と、まるでお母さんのような耳障りなお説教するような人ではなく、

「今の○○ちゃんを気に入ってくれる人が必ずいるよ！」

「大丈夫！　出会えるよ、応援してる！　ここに行ってみたら？」

などとプラスになるアドバイスをしてくれる婚活サポーターの声を素直に聞き入れて、実行に移していきましょう。

そして、Ｐ１３８でお伝えしたように、せっかく激励してくれる彼らに対して、「でも」「どうせうまくいかないよ」などと不幸の言葉ばかりを発し、愚痴るのは絶対

にやめましょう。

そんなことばかりが続くと、彼らから

「応援の見込みがないな」

と判断されて、気が付けばあんなに応援してくれていた大切なサポーターたちが誰一人いなくなってしまいます。あくまでもサポーターのみなさんのありがたい応援を有効活用していきましょう。

6 自分を否定する「外野」は無視する

ファッションを変え、メイクを変え、ヘアスタイルを変え、婚活サポーターからの応援を素直に受け入れて動いていくと、必ずその行動を否定する人たちが現れます。

私はそんな人々のことを「婚活ブロッカー」と呼んでいます。

今まであなたが、ちょっとでも服の好みを変えると、

「なぁにそれ。男性に媚びすぎじゃない？」

と、お母さんが口出ししてきませんでしたか？

「婚活ブロッカー」の筆頭は、言わずもがな「お母さん」です。お母さんは、事細かにあなたの変身ぶりを追求してくるでしょう。

でもそのほかにも、「婚活ブロッカー」はたくさんいます。

たとえば、独身の友人や職場の先輩、古いタイプの男性の上司、結婚しているけれど夫とうまくいっていない友だちや姉妹などが「婚活ブロッカー」となる可能性が高

いでしょう。

たとえば、ちょっと今までとは雰囲気の違うワンピースを着て会社に行くと、

「どうした、鈴木。今日は仮装パーティでもあるのか？」

と、ニヤリとする上司。

「真佐子ちゃん、そのメイク変だよ。なんか目ばかり目立つよ」

と、せっかくメイクレッスンで習ってきたメイクを非難する友だち。

「結婚なんてねぇ、打算と絶望の毎日なのよ、そこんとこわかってる？」

と、まるで女優の桃井かおりのような表情でアンニュイな意見をぶつけてくる結婚十年目の奥さま。


そんな人たちとは、距離を置いて接することです。無視です。

「婚活ブロッカー」の人たちの特徴は、自分の人生に責任を持たず、何か問題があると、相手のせい、親のせい、社会のせいにし、

「自分は悪くない」

「自分は被害者だ」

「自分はかわいそうな存在なんだ」

とアピールをしてくることです。

だからこそ、キラキラし出した人の話は面白く感じませんし、嫉妬と羨ましさと憎しみを感じて嫌味を言ってきたり、行動を阻止しようとしたりします。

あなたが、

「こんな人と出会ってこんなデートをしている」

とうれしそうに報告をしたら、

「やめなよ、そんなやつ」

と否定してきたり、新しくしたファッションに対し、野次を飛ばしてくるような人たちがいたら、

「来た来た、これが婚活ブロッカーだな」

と冷静に受けとめましょう。


そして、今すぐ「婚活ブロッカー」たちの幸せを願ってあげてください。

これが大事なのです。

「嫌な人だな」「あんなこと言うなんてひどい！」などと心に「婚活ブロッカー」たちの記憶を貯めていくと、ますます彼らは非難してきます。

ですから目を閉じて、

「彼らにも幸せがやってきますように。私は私、彼らは彼ら。みんなそれぞれの幸せの形が見えてきますように」

と割り切って自分の道を進みましょう。


幸せな結婚をしている「婚活サポーター」は、あなたがよほど暗い顔をしていたり、泣いていたりしない限り、あなたの幸せを応援してくれるはずです。

「婚活ブロッカー」たちと距離を置き、「婚活サポーター」との交流を積極的に持っていくと、不思議と周りに「婚活サポーター」が増えていき、さらに前に進む勇気が出てきます。

7 一人のさびしさを恐れず、自立する

第二章で、自分らしい結婚を手に入れるためには、一人でリラックスできる時間を持つことをおすすめしました。

でも、一人での行動を選択し続けることは、意外と難しいのです。

「お母さん、どうしているかな？」

「夕ご飯食べに帰ろうかな？」

といった思いがよぎることもあるでしょう。でも、あえて一、二ヵ月は実家に帰らず、電話もしないようにしてください。

最初はものすごくさびしさが襲ってくることでしょう。

でも、自分らしい結婚を手に入れるためには一人の行動を続け、一人のさびしさを恐れないこと。

誰ともLINEやメール、電話をせず、あえて孤独の時間を作り、精神的に自立する練習をしましょう。「今日は誰とも喋らなかったな」という日をわざと持つようにするのです。

「こんな時間を過ごしているのは私じゃない」
「スケジュール帳に予定がいっぱいなのが本来の私！」
というような焦りが生まれるかもしれません。

では、その焦りをじっくり感じてみることです。これまでどれだけ自分を優先せず、無理して周りのお誘いに乗っていたかがわかります。

「あまり行きたくないけど、誘われたから仕方なく行っていた」というイベントへの参加も減らします。それで壊れる友情なんて、元々たいした友情でもありません。

依存しない自分をつくる

そして、さびしさを恐れない時間を体感する間は、恋愛や結婚のための出会いの場に行くこともやめます。

第二章でお伝えしたような方法で、親と距離をとり、リラックスできる一人の時間を確保し、自分で自分を楽しませることに慣れましょう。

「そんなことに慣れたら結婚なんかできなくなるのでは？」

と心配になるかもしれません。

でも、一人の時間をさびしく思い過ぎないことで、いい男性との交際がスタートしてから、相手を束縛せずに済みます。

安定した結婚を望む男性は、
自分一人の時間を楽しめる女性を好みます。

交際中から彼のメールや電話を待ち続け、週末のデートの約束が入るまで今か今かと携帯をお風呂のそばに置き、生活のサイクルが彼中心に回ってしまう人がいます。実は、過去の私もそんなタイプでした。

でも、これは一番失敗するパターンです。

お休みの日は、あなたの生活を第一に考えて動くことから始めましょう。

一人で過ごすことを楽しめるようになっていくと、彼との関係に、心地よい適度な距離感が生まれます。実はこの「心地よい距離感」を持ち続けることが、幸せが続く結婚をするためのカギとなります。

彼は彼、私は私。

それぞれの人生を尊重し合える自分になれれば、結婚してからも夫との距離感をうまく保てるようになります。

一人上手こそが二人上手にもなれるのです。

8 「あまのじゃく」にならない

私のもとに相談にいらした会員さんの中に、交際中の男性に対し、つい「あまのじゃく」になってしまうという悩みを抱えていたSさんという方がいました。

Sさんは、彼がおいしいレストランの予約をしてくれたときも、ごちそうしてくれたときも、Sさんがデートの時間に遅れそうになり彼が快く「待ってるから」と言ってくれたときも、

「ありがとう」

と素直に言えなかったそうです。

たくさんの愛情を彼から受け取っているのにもかかわらず、「そんなの普通でしょ」と考えているようでした。

性格もおだやかで、学歴も収入も高いという非の打ち所のない彼であるにもかかわらず、「ちょっと抜けているんです」「彼、気が利かないんですよ〜」などといった彼

に対する文句がつい口に出てきます。

　これは、Ｓさんの家庭が、お父さんよりもお母さんが強かったことに原因があるようでした。お父さんがお母さんに何か手助けをしても、それをお母さんは至極当然というように受けとめ、冷たくあしらっていたそうです。

　それを子どもの頃から見ていたＳさんの中で、

「男性は女性の言うことを何でも聞いてくれる生き物なんだ」

という思い込みができあがっていたのでした。ご両親の関係は、お父さんがお母さんのことを大好きだったからこそ成り立っていたのですが、Ｓさんは子どもの頃からその関係を見続けていたせいか、偏った男性観になっていたのです。

大切にされて結婚する女性は「ありがとう」をきちんと伝えている

　親の姿を見て、自分は何を感じてきたのか。

　それは果たして本当に正しかったのか。

　それを確認することで、人生は大きく変わっていきます。

Sさんのように、お母さんから男性をついつい下に見る価値観を引きついでいることも多々あるでしょう。でも、親から受けた影響がどんなものであろうと、「あまのじゃく」が直らない限り、幸せを逃します。

男性をバカにしたり、上から目線で見ている女性は、絶対に選ばれることはありません。今も心のどこかで、

「女性である自分は、ちやほやされたり、たくさんごちそうされたりすることが当然だ」

と思っているようなら、結婚まで至るのは難しいと言えるでしょう。

また、交際相手の男性がいろいろもてなしてくれるのは、結婚前の楽しい恋人時代だからだということも、忘れないでください。結婚してからも、毎週のように「ザガットサーベイ」でナンバーワンのレストランに連れて行ってもらえることはありません。逆に、結婚してそんな高級レストランばかり行っていたら、彼の金銭感覚を疑いたくなることでしょう。

男性は、せっかくのデートで、あなたにただ喜んでもらいたくて、一生懸命プランを立ててくれています。

ですから、その思いに応えて素直にお礼を伝えなければなりません。男性には、

「ありがとう」

「うれしい」

「楽しい」

「あなたのおかげで」

を繰り返し伝えていきましょう。

何度伝えても、相手に伝わるのは少しだと思ってください。繰り返し言い続けることで、やっと伝わるぐらいです。


冒頭のSさんは、この自分の「あまのじゃく」に気づいたとき、こんなことを言っていました。

「昔の私がなぜ結婚できなかったのかがわかりました。母と父の関係を見て勝手に男性のことを解釈し、男性に対して感謝の気持ちや言葉を伝え切れていなかったからだと思います。これからはきちんと相手に言葉にし、伝えていこうと思います」

その後Sさんは、お礼の言葉を彼にきちんと伝えるようにしていったそうです。その結果、彼との仲も深まっていき、その年のクリスマスイブにプロポーズされました。

恋愛も結婚も、自分の価値観だけで相手を見ていると、相手のいい面や素敵な面に気づくことができません。

「この人もダメ、あの人もダメ」

と言っているうちに、「あまのじゃく」の結婚難民になっしまい、年月だけがただ過ぎていきます。

男性は、自分が頑張ったことに対し素直に喜んでくれて、自分をたよってくれて、たくさん笑う女性にプロポーズするということを、覚えておいてください。

9 自分から「与える」人になる

私のもとに相談に来られる方々の九割は、大失恋の経験があります。

大好きだった彼にフラれた、七年間も付き合っていたのに結婚してくれなかった、自分は結婚を視野に入れていたのに相手がその気になってくれなかった、ある日いきなり電話を着信拒否されたから駅で待ち伏せした……などなど、みなさん、けっこうヘビーな体験をお持ちです。

みなさんに共通していることは、「愛を求めすぎてしまう」ことです。

お母さんから認められなかった、愛されなかったという思いがその根底にあることが多く、つねに「私には愛が足りない」と思っているところがあります。

そのぶん、足りないと思う愛情を彼からもっと欲しい、もっとちょうだいと願う……。これがトラブルの元です。

受け取ることばかり考えて、もっともっと…と彼に愛情を求めれば求めるほど彼は逃げていきます。いくら彼と結婚したいと願っていても、彼の求める愛の形を提供できないのなら、どれだけ彼を求めてもその恋は結婚という形に変わってはいきません。

「足りない」「もっと欲しい」という渇望体質を卒業して、愛を分かち合える女性になるために、体質改善をしましょう。

周りの人に「自分から」やさしく接する

まず、自分から「与える」練習をしましょう。

自分の生活を充実させ、自分の周りにいる人たちにやさしさを振り分けてください。

相手は自分の鏡です。周りの人に冷たく接したり、毛嫌いしている毎日を送っていれば、それと同じようにあなたを扱う人が目の前に現れます。

会社の上司、同僚、先輩後輩、友人、コンビニの店員さん、レストランや居酒屋のスタッフさんなどに自分から笑顔を提供し、彼らから大事に扱われるような意識を持つことです。誰だって、明るい笑顔で自分の話を聞いてくれて丁寧に対応してもらったら、うれしいですよね。

まず、あなた自身から実践していくのです。

とはいえ、嫌いな人を無理に好きになる必要はありません。嫌いは嫌いでいいんです。そういう人には淡々と用事を済ませてください。

受け取るだけでなく、見返りを求めずに与えていく。あなたの中の愛情を周りへ与えまくってください。

友人や知人へ「まず自分から」ちょっとした贈り物をする

さりげない贈り物上手になるのも、「与える」の練習になります。

自分の流れを変えるには、まず自分から、周りの人々へ愛情、思いやり、気配りの気持ちを伝え続ける姿勢を持ちましょう。

その行動のひとつとして、あなたの親しい友だちや知り合いの方、久しぶりにお会いする方などに、ちょっとした贈り物を渡すことです。

高価なものではなく、その方が興味のありそうな本、好きだと言っていたお菓子、旬の果物など、何でもかまいません。

私の友人のNさんは、二十五歳で学生時代から交際していた彼と結婚したという、私より一回り下のしっかり者の女性です。

彼女は私とランチをするたびに「これ、ケイコさんに合うかと思って……」と、イニシャル入りのタオルをプレゼントしてくれたり、読みたかった本を買ってきてくれたり、エステ体験チケットや旅先でのお菓子を渡してくれたりします。

いつもNさんは、お友だちや周りの方々へ、日頃の感謝の気持ちを込めて、プチプレゼントを渡しているそうです。インテリア雑貨のお店にたびたび訪れては、誰かへのプレゼントを探しています。また、そんな彼女からは、旦那さまの悪口を一切聞いたことがありません。


Nさんのほかにも、幸せな結婚をされている方々は、いつも笑顔で何かお土産を渡してくださったり、おいしいクッキーやカステラなどを何の気なしにサラッと渡してくれたりします。

私もそんな先輩方の幸せな習慣にあやかろうと、お友だちや久しぶりにお会いする方、仕事上のお付き合いがある方などには、ちょっとした贈り物を渡すようにしています。最近好評だったのは、まつげが伸びるまつげ用育毛剤、オルゴールボックス付きのカップ、お花などです。逆にいただいてうれしかったのは、シャネルのミラー付き油とり紙、北海道の野菜セット、蜜がたっぷりのおいしいりんご、金時芋のかりんとうとさつまいもチップスセットなどです。

贈り物は生活に役立つものや食べて無くなるもののほうがが無難です。

あくまでも大事なことは、自分の趣味を押し付けすぎるプレゼントはしないこと。そして、「こちらがあげたんだから、何か返してくれるだろう」という見返りの気持ちは持たずに、「友人、知人へちょっとした贈り物を与えていく」を習慣化していきましょう。

まずは身近なお友だちに、

「これ、私が使ってみてよかったからお勧めだよ」

とハンドクリームやティーパックなどプレゼントしてみるのはいかがでしょう。

「もうそんなこととっくにやってるわよ。でも何にも変わらない」

と思われる方は、期待する気持ちをちょっとだけ捨てて、相手の喜ぶ顔を浮かべてその習慣を続けてみましょう。

下を向いて「私は愛されない」と思いつめすぎないことです。

「キャラ、違くない？」なんて突っ込んでくる同僚や友人の言葉は無視しましょう。

周りの笑顔が増えていくのは、着実に自分改革が進んでいる証です。

ぜひ今日から、「まず自分から」の精神で、「与える」活動をスタートしてみてください。

10 他人の幸せを願い、許せる人になる

「恋愛がうまくいかない」「結婚できない」「出会いがない」「ぜんぶうまくいかない！」と思うと、気持ちもやさぐれてきて、

「世の中みんな幸せそうなのに、なぜ自分は……」

と暗黒の世界に引き込まれていくような感覚に陥ることがあります。

私自身、最初の夫と出会うまでの婚活十一年時代は、周りのことなどまったく目に入らず、家族ともうまくいかない、お金はない、仕事はつまらない、同僚に意地悪な人がいる……と不満たらたらの中で生活していました。

何を聞いても、読んでも、「そんなの幸せな人だからできるんだよ」と怒りの気持ちでいっぱいになったことが何度もありました。本当に、今思い出すとお恥ずかしい限りです。

こんなふうにうまくいかなくなると、途端に周りに対して不満を言いたくなる傾向

のある人は、要注意です。いい「ご縁」がくるはずがないからです。

また、こうした傾向は、お母さんの癖を受け継いでいることもあります。

私の母も、人の幸せに対し、あまりいい感情を抱かない人でした。

幸せそうな人を見ると必ず文句を言っていたのが、子ども心にとてもイヤでした。

それに反論すると「親に逆らうのか！」と怒られるので、私も離婚を経験するまでは、「幸せな人は憎むべき存在だ」と思い込んでいたのです。

また私の元にご相談に来られる会員さんも、同じような悩みを抱えている方がたくさんいらっしゃいます。

「うちも母が人の幸せを妬むタイプでした」

「外ではいい顔をしてるくせに家に帰ると人の悪口ばかり」

「幸せに対して自分で責任を負わず、相手の悪いところばかり指摘してるんです」

このように、みなさん同じような部分で悩まれたり、苦しみを抱えています。

この負のスパイラルを、どう変えていけばいいのでしょうか。

すれ違うすべての人の幸せを願う

母から受け継いだ私のそんな考え方は、離婚後に周りに目を向けるようになり、幸せな結婚をしている人たちに近づいたと思ったときに、変わりました。

幸せな結婚をしている人たちにだってさまざまな困難や問題があり、すべてが順風満帆というわけではないんだということが見えてきたからです。

「みんながんばって生きているんだな」ということがわかったとき、私は過去に付き合ってきた男性たちや、最初の夫、すれ違う人や見知らぬ人の幸せを願うことができるようになりました。

そんなとき、今の夫との出会いがやってきました。

「見知らぬすべての人の幸せを願う」なんて、自己満足でくだらない言動だと思われるかもしれません。

けれども、自分のことだけしか考えられなかった十一年の婚活時代よりも、見知らぬ人の幸せを願っていた二回目の婚活時代のほうが、毎日の中で格段に幸せな気持ちを感じられるようになり、いい意味で人に対しての期待感がなくなりました。

あなたも、ぜひ見知らぬ人の幸せをそっと願ってみませんか。

最初は自分が偽善者になったように感じるかもしれません。それでも、日々続けていくと、だんだん心があたたかくなり、他人に対する不満が減っていく自分に気がつくはずです。

電車や街の中で子どもと目が合ったら微笑み、睨まないこと

ところで、幸せの象徴のような存在といえば、何でしょうか。

それは「赤ちゃん」や「子ども」です。

無垢な瞳、恋も結婚も遠い先、嫉妬や焦りなどといった黒い感情もまだまだない、天使のような存在です。

でも、赤ちゃんは、泣きます。

そうなると、残念ながらうるさいです。

電車の中で赤ちゃんが泣いていたり、スーパーの前で二歳ぐらいの子どもが「ギャ

ー！」と叫んでいたら、あなたはどんな気持ちになりますか？
「お母さん、しっかりしつけしなさいよ！」
「あぁ、うるさい、公共の場に子どもを連れて歩くな！」
などと思うでしょうか。

残念ながらそのように思っている間は、あなたに結婚の神様は味方してくれません。ましてや、幸せな結婚を目指すあなたならば、もしかしたら数年後に、今見ているお母さんと同じ立場で電車に乗ったり、スーパーの前で子どもに駄々をこねられたりしているかもしれませんよね。

こうして思ってしまう背景には、やはり育ってきた家庭環境に関係があることがあります。

P43やP71のケースに当てはまる方に多いようです。ありのままの感情を表現することを許されてきた子ども時代を送っていれば、「あぁむずがっているなぁ」と泣くことを許してあげられるでしょう。

でもあなたが、
「泣いてはいけない、笑ってはいけない、怒ってはいけない」

としつけられてきたり、抑圧的なメッセージをお父さんやお母さんから受け取ってきていたりすると、子どもが公共の場で泣いていることをとても不快に感じてしまうことでしょう。実際、私の元にいらっしゃる会員さんでもたくさんいます。

「赤ちゃんや子どもは、本来いつでもどこでも泣いていいのだ」

と、一度自分に言い聞かせてみましょう。ありのままの感情を許してあげてください。

結婚を願う気持ちがあるのなら、これは自分が関わっていく未来の姿なんだと思って、心の中で赤ちゃんやママにエールを送ってあげる練習をしてみましょう。

親の世界を越えて、「自分が感じたもの」から始まる世界をつくりあげる

誰でも、さまざまな経験を重ねていくことで親の価値観を乗り越え、自分なりの世界観をつくりあげることができます。だからこそ、

「母と自分は違う人間。家族と言えど、同じ価値観を持たなくてもいい。自分もそうなれるように幸せな人を受け入れよう」

という強い決意が必要です。

見知らぬ人の幸せを願ったり、
自分には許されなかったことを許すことで、
あなた自身も、そのままの自分を、
認めてあげてください。

「幸せを肯定する気持ち」を育てることが、自分自身の穏やかさや安定につながり、
今までとはまったく違う世界への扉を開いてくれるでしょう。
それがあなたの結婚運を上げていき、男性を受けとめる練習にもなるのです。

第四章

真のパートナーに たどりつく ための9本の糸

1 真のパートナーを探すと決意する

最後の章になりました。

「自分改革」を進め、一人で生きられる力を身につけた今だからこそ、よく考えてほしいのが、結婚する「相手」のこと。

自分を本当に大切にしてくれる相手とはどんな人なのか、じっくり見つめ直してみましょう。

今までの恋愛で、気がつくと相手にすがりついてしまったり、頼りすぎてしまう傾向はありませんか？

最初は彼から交際を申し込まれ、自分が追われる立場でうまくいっていたのに、日を重ねるごとに自分が追いかける立場に変わっていたり、揉めごとを起こしたり、彼に依存したりしてしまう……という恋愛を繰り返していませんか？

繰り返しになりますが、なかなか結婚できない恋愛にすがってしまうのは、やはり親との関係で悔しさや悲しみ、怒りが溜まっているため、かわいそうな私をわかってほしい、助けてほしい、愛してほしいと思っているからと言えるかもしれません。

そこに気づかないまま、ひとつの恋が終わって一人になると、どうしようもない不安感に襲われ、「すぐに誰かを探さなくちゃ……」という気持ちになりがちです。

これまでのように流れるままに出会い、相手に自分のさびしさを押し付けていては、いつまでも同じようなパターンの恋を繰り返すだけです。ちょっと気のある素振りをされるとすぐその人を好きになり、彼の口車に乗せられて深い関係に陥ってしまいます。

親が厳しかった人であればあるほど、報われない恋に心惹かれ、彼の言動に一喜一憂しては、「自分はダメなんだ」とさらに自信をなくす傾向があります。

本気で自分らしい結婚をしたいのならば、

「そんな依存的な恋はもうやめよう」

と決意してください。

そしてそんな恋を好む仲間たち（付き合う人をコロコロ変えたり、自分を大切にしないことがステイタスだと思っている人々）とは距離を置くようにしてください。

依存的な恋にならない相手とは、
自分に敬意を持ってくれる男性です。

これが最重要ポイントです。
尻尾を振って最初から愛想よく「好き好き」と擦り寄ってくる人ではなく、笑顔であなたを受け入れてくれて、穏やかなオーラのある落ち着いた男性。
自分の親といるよりリラックスできる男性こそが、「真のパートナー」です。

真のパートナーと結婚することで人生は輝き出す

真のパートナーとは、付き合っている時点であなたをバカにしたり、あなたの存在を否定したり、あなたに嫌味を言ってきたりしません。

あなたの人生の最高のサポーターとして、心からの愛情を与え、肯定し、励まし、応援してくれます。

また真のパートナーは、必ずあなたの悩みに耳を傾けてくれます。時には厳しい言葉を投げかけてくるときもありますが、それもあなたのためを思ってのことで、決してあなたをバカにしようとして伝えているわけではありません。

当然ですが、そんな彼と一緒になることで、あなたの人生はもっと輝きを増していきます。

毎日肯定されることの喜びを体感すると、ずっとやりたかったことに挑戦できたり、最大の味方ができることで身体中から安心感があふれ出し、それがキラキラとした幸せなオーラに変わっていきます。

そして、周りの人々に対して、おおらかな気持ちが持てるようになっていきます。

自分の好みのタイプではない人こそ、真のパートナー

もうおわかりかと思いますが、真のパートナーとは、今までのあなたの好みのタイ

プとは逆であることが多いでしょう。

「好みって変えられるんでしょうか？」

「今まで付き合ってきたタイプは全員落ち着きとは程遠いタイプだったので穏やかな人を好きになれるか不安」

などといったご相談を、よくいただきます。

後述しますが、数々の結婚を見てきた私が断言します。約8割の方が、

「自分の好みのタイプではないけれど、自分を本当に大切にしてくれる相手」

と結婚していいます。

私の相談所にいらっしゃると、最初は、みな少なからず過去の恋愛相手と似たようなタイプを探して活動を始めますが、最終的に結婚していくのは、この「自分に敬意を払ってくれる男性」なのです。

私の場合も、このパターンです。離婚をし、昔の悪い癖や親からの価値観を乗り越えるべく、自分を変える修行をしていた私の前に、ある日、今の夫が現れました。彼はとにかく明るく、ご両親から大切に育てられたんだろうなということがすぐにわかる男性で、今までのタイプとは全く違いました。

初めて彼を見たとき、私の中の真心センサーが「ああいう人と結婚すれば幸せになれるのに」と訴えてきました。そしていま、自分に敬意を払い、認めてくれる人がそばにいると、こんなに精神的に安心でき、世の中を見る目も変わっていくのだということを実感しています。

真のパートナーに出会い、その穏やかさ、器の大きさ、物事に対しての冷静さを感じると、いかにこれまでの恋愛で小さなことにこだわっていたかがわかるはずです。また、大切にされる毎日を過ごしていくうちに、自分の中の「自分を痛めつけたくなる気持ち」も徐々に薄れていくでしょう。

その結果大きな揉めごともなく、トントン拍子に結婚まで話が進み、夫の両親、親戚の方々からも大切に扱われ、ますます精神的に落ち着いた日々を送ることができます。

こうして「自分は周りから愛されてもいい人間だったのだ」ということが認識できると、生きることがとても楽になります。

では、どのように真のパートナーを見極めていくかについて、次項から説明していきます。

2 年収や学歴より大切なチェック点とは？

真のパートナー像について理解できましたか？　とはいえ結婚を考えると、どうしても相手の「スペック」について、とても気になることでしょう。

とくに子どもの頃から、

「やっぱり六大学ぐらい出ていないとねぇ」

「年収八百万円以上じゃないと男じゃないわよ」

などといったお母さんのつぶやきを耳にしていると、、

「相手は学歴も年収も高くなくちゃ！」

といった思い込みが蓄積された状態のまま、相手選びをしてしまいがちです。

けれども、こういった目に見える「スペック」で選べば幸せになれる時代は終わりました。今の時代の男性たちは、女性の人生を丸ごと受けとめ、経済的に不足のない

ように養っていくことは難しいのが現実です。

私の相談所でも、相手の年収、学歴にこだわればこだわるほどご縁は遠のき、出会ってもダメ出しばかりで時間だけがどんどん過ぎていく……という方が多いのも事実です。

結婚は、男性からいい生活を与えてもらうためにするわけではありません。それに高収入の男性だって、いつ何がどうなってその収入が激減するかわかりません。

先行きの見えない混沌としたこの世の中で、男性が結婚相手の女性に求めるのは、精神的に自立し、仕事を持っていることに加え、どんなことがあっても男性を叱咤激励でき、信じ続けることのできる強さです。

今の時代、助け合いの精神がないと、結婚することは難しいと言えます。

「一生共にできるかどうか」を見極めることが大切

見た目や年収、学歴などよりも、よく考えてみたほうがよいチェック点があります。それは、「とにかくずっと一緒にいられるかどうか」です。

私がふだんからお伝えしている「相手のチェック点」をご紹介します。

❶近くに寄ったときの匂いを受け入れられるか？（生理的に受け入れられるかどうかは非常に重要なポイントです）

❷仕事に対して真摯に取り組む姿勢があるか？（高収入である必要はありませんが、男性にはやっぱり仕事を大切にしてほしいですよね）

❸レストランのスタッフやタクシーの運転手さんに横柄な態度を取らないか？（タメ口や目下に見るような態度を取る男性は結婚相手に向きません）

❹自分の家族のことを大切に思っているか？（マザコン過ぎても困りますがお母さんを大切にしている男性は奥さんも大事にします）

❺過去の人生で困難を乗り越えた経験があるかどうか？（仕事でも趣味でも何でもいいので「自分はこれを頑張った！」と言える体験をしているかどうか）

この5つを、デート中に確認するようにしてください。

過去の人生で困難を乗り越えた経験、何かしら物事をやり遂げた経験のある男性は、結婚してからもトラブルから逃げずに、真っ向勝負で挑むことができる底力を持っています。

たとえ第一印象がちょっと弱々しくても、デートを重ねて話していく中で、学生時代や仕事の経験談を、「あのときこんなことがあってね…でもなんとか乗り切ったよ」とさりげなく話してくれる男性は、合格です。


また、匂いについては、結婚後の最重要ポイントとなります。たとえば一緒に映画を見に行ったときなどにそっと確認してみたり、夜のデートで手をつないで近づいてみたりするといったことも、実践してみてください。

私の相談所の会員さんの中には、デート中に、相手の男性から、周りに人がいない場所で、

「互いに匂いは大事だと思うので、ハグしてもいいですか?」

といきなり聞かれ、抱きしめ合って確認し、安心したというケースもありました。

相手の学歴や年収にこだわりすぎず、

「共に助け合い、支え合い、進化していくことができる相手を見つけるのだ」

と心に決めると、相手を見る目が変わっていきます。

見る目が変わっていくと、実は目の前に現れる男性たちの中に、あなたの人生を豊かに彩ってくれるパートナーがいるかもしれないということに気付き始めるでしょう。

もちろん今からでも遅くありません。

見えているものだけにこだわりすぎず、

「本当に自分に必要な相手を見つけるんだ」

と心の中で決意することが、相手を引き寄せる最大のパワーになるのです。

3 不幸になる相手を見極める

私が結婚相談所を立ち上げた理由のひとつに、「子どもたちが安心して暮らせる家庭を一組でも多く誕生させる」という使命があります。


私にも一人、娘がいます。

子どもの虐待のニュースを聞くたびに、過去の自分の姿がオーバーラップします。そして、娘と言い合いやケンカになるたびに、自分が親から安心感を与えられてこなかったからうまく感情が伝えられないのだろうか、と悩みます。子どもへの虐待は、決して遠い話ではありません。

自分自身が幼少時代に殴られたり、存在を過小評価されたりした過去があると、怒りの感情がわいてきたときに、過去の自分がフラッシュバックし、子どもに同じよう

です。

ば思うほど、子どもにどのように接していったらいいのか戸惑うときがあるのも事実

「自分はそうしたくない」「親にされたような態度を子どもに与えたくない」と思え

に対応してしまうことがあるからです。

そんなとき、やはり一番身近である夫の存在は、非常に大きなものだと感じます。

娘とのやり取りや、反省したくなる言動をしてしまったときなどに、夫にその気持

ちを伝え、

「そりゃ大変だったね」

「お互いの気持ちがうまく伝わり切れなかったんだね」

などと冷静に分析してもらうと、気持ちがすっと楽になり、また翌日からの子育て

を頑張ろうと思えるのです。もしもここで夫から、

「お前の育て方が悪い」

「子どもの性格は母親の一言で決まるらしいよ」

などと毎日のように責められていたら、私も虐待ニュースの一面に出てしまってい

たかも……といった不安感を感じることもあります。

自分の親との葛藤を抱えているなら、「選んではいけない相手」に注意してください。

結婚して不幸になる相手とは、人格を真っ向から否定したり、いくら話し合ってもこちらの価値観を受け入れなかったり、ただ自分の信じていることだけを周囲に強制したりするような男性です。

そんな男性と一緒になると、その後の結婚生活や子どもが生まれてからも、精神的に非常に追い詰められ、いつも心の中に黒いかたまりがあるような気持ちを味わうことになります。

交際しているときからあなたの意見にまったく耳を貸さず、

「いいから俺の言うことを聞いておけ」

と言う男性は、避けたほうがいいと断言します。自分らしさを出せず常に不安を感じる結婚生活が約束されるからです。

その男性がどんなにイケメンだろうと、どんなに年収が高かろうと、バラの花束を抱えてやってこようと、見せかけの姿にだまされないことです。

また、出会ってすぐにあなたの身体をベタベタ触ってきたり、まだ二回も会っていないうちから「愛している」と言ってきたり、「早く結婚しよう」と結婚を急かしたりする男性も注意が必要です。


もちろん、結婚には勢いが大切です。これから先、どんな人生が待っているかわからない二人だからこそ、互いに手を取り合い、「よし、頑張っていこう」と新しい世界へ飛び込んでいくパワーは必要になります。

また、誰と結婚したとしても、ぶつかることはあります。時にはパートナーから自分の思いを理解されず、意見が割れ、腹を立てながらお風呂をゴシゴシする日もあります。けれども、

「話し合いができ、こちらの意見も受け入れてくれる人」

であれば、どんな時も乗り越えることができます。私は最初の結婚では、ここをしっかりと確かめることなく焦って結婚し、失敗してしまいました。

幸せが続く真のパートナーは、あなたが無理をせず、素直になれる相手なのです。

4 相手は自分と違っていてもいい

親に厳しく育てられたり、否定の言葉ばかり言われ続けた環境に身を置いていた経験があると、

「自分の考えや価値観が絶対に正しい」

という思い込みに惑わされることがあります。その理由はこれまでたくさん挙げてきましたが、大きくは、すべて親から植え付けられた、

「親の意見が正しい。それ以外の考えは聞き入れてはいけない」

というがんじがらめな籠の中で生き続けてきたことが要因となっています。

親から「うちの価値観が一番だ」と叩き込まれると、ほかの価値観を受け入れる器がなくなってしまいます。

たとえば、彼が自分とは異なる食べ方で目玉焼きを食べるのを見て、自分のやり方を押し付けたり。

メールや電話の頻度が自分が考えているよりも少ないと感じたときに、「おかしい。彼が本当に私のことを好きだったら、私と同じような考え方をしてくれるはず。もっとメールや電話の頻度が多いはず」

と感じてしまったり。

でも、よく冷静に考えてみれば、彼とあなたは、これまで何十年も別々の世界で生きてきた、別々の人間なのです。

彼には彼が信じ続けてきた価値観があります。その価値観にしたがって、彼は自由に生き、自分らしく過ごしたいと考えていることを尊重しましょう。

幸せな結婚をしている人たちは、それぞれの自由を認め合っています。

これは、浮気を承認しているとか、お金遣いが荒いことを黙認しているというわけではありません。お互いがそれぞれの時間の使い方に対し、特別に強制などをせず、自由にやりたいことをやることを認め合っているのです。

ですから、お互いに助け合ったり協力し合う部分はきちんと手を差し伸べるけれど、普段はそれぞれ好きなことをして楽しんだり、外で友だちと遊んだりしていても、あまりうるさく口出ししてはいません。

恋人や夫婦だからといって、
相手が自分の分身になったわけではありません。
まずお互いの人生があり、
その先で一緒の時間を過ごせればいいのです。

これを基本に、行動を変えていきましょう。これは訓練です。本気でこれまでとは違う恋愛、結婚をしたいと心から望むのであれば、考え方や相手に対する言葉、そして行動を変えていかないと、現実はなかなか望みどおりに動いてくれません。

私も今の夫と結婚する前の交際中に、葛藤がありました。

夫と付き合っている間、なかなか会えないときや連絡がないとき、昔の悪い癖が出て彼を責めそうになったことが何度もありました。

でもそんなときこそ幸せな結婚をしている婚活サポーターの教えを実践し、とにかく彼の生活形態、彼の考え方、自由を尊重しようと心に決めたのです。

たとえば、彼が約束していたデートの当日に「今日は仕事で疲れているから家で寝ていたいんだけど」と言ってきたとき。昔の私だったら電話を切った瞬間彼のマンションに押しかけていたものですが、それで過去に何度もフラれていました。その経験を生かし、一人でボーっとしていたい彼の望みを叶えるべく、

「うん、わかった。のんびりしてね。私、一人で映画見てくるから♪」

と明るく電話を切りました。後に夫から、

「付き合っているときに無理やり会わなくていいのが楽だった」

と言われたことがあります。

また、第一章でご紹介した、お母さんに否定され続けていたFさんも、後に結婚する彼との交際中に、自分の時間を充実させることに力を注いだお一人です。

Fさんは、以前付き合っていた彼には朝晩必ず電話を入れて、彼の一日のスケジュールを確認し、彼が「夜はヒマ」と言うと「じゃあ、デートできるね！」と仕事帰りにほぼ毎日会い、「週末はご飯作りに行くね」と高級スーパーで買ったオーガニック

の食材を持参して手料理を披露していたとか。

最初は献身的な彼女を喜んでくれていた彼でしたが、毎週末必ずやってきては泊まっていく彼女をだんだん面倒に感じるようになり、

「お前、もう重い。オレ、まだ結婚する気ないから」

と言われ失恋。

お母さんから、

「あんたは気がきかないから、もっと細かく動かないと、誰からも好かれないよ」

と言われ続けていた言葉がずっと頭に残っていたFさんは、相手に懸命に尽くせば愛されるに違いない…と思い込んでいましたが、逆効果だったのです。

そんな経験があったからこそ、Fさんは、後に結婚にいたる彼とつきあい始めたとき、本書の二、三章の方法を実行に移し、「自分の時間」を大切にしました。

自分の時間を自分で楽しめるようになると、相手がそばにいなくても不安を感じなくなっていきます。彼が自分の時間を自由に使っても「楽しんできてね」と受け入れることができるようになったそうです。

そして、これまで付き合ってきた人たちに、自分の価値観ばかりを強要してきていたこと、それはやはり、お母さんが自分に価値観を強要してきたことと似ていたんだ

ということに、気がついたそうです。

❶相手と自分は違う価値観を持っていていい
❷相手と自分はすべての時間を共に過ごす必要はない
❸相手は自分と異なる趣味を持っていていい
❹相手の喜びや楽しみを受け入れていく
❺結婚してからも自分の好きなことに時間を費やしていい

この5つを、相手との時間を重ねていく中で、常に忘れないようにしてください。
お母さんから教えられた狭い価値観から脱皮したあなたなら、きっとできるはずです。

5 マイナスな感情のときはハーフタイム

恋愛がうまくいかず結婚をほど遠く感じていたり、婚活を長年続けていたりすると、

「自分に合う人はこの世にはもう残っていないんじゃないか？　私の結婚は来世へ持ち越しなの？」

とため息をつきたくなるとき、ありますよね。

私もかつてはフラれるたびに、

「またダメだった……」

と地の底まで落ち込み、ふとんを被って声を殺して何度も泣いてました。

なぜ、私は選ばれないのだろう？

なぜ、いいところまで行くのに、「結婚」ができないのだろうか？

そんな疑問を毎日感じ、親からの否定の言葉が頭の中をよぎり、絶望的な気持ちの

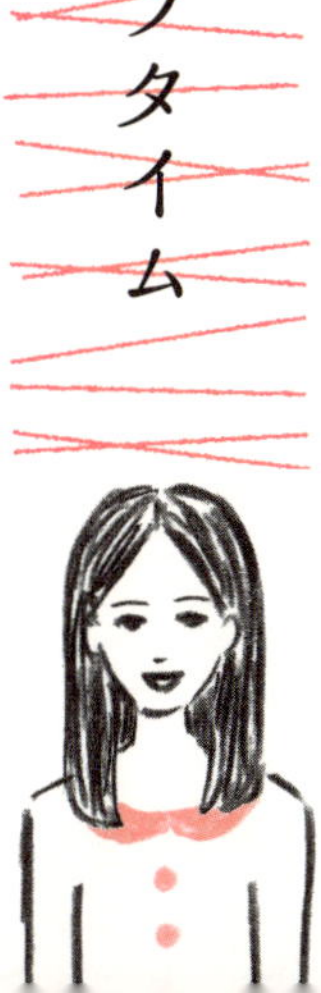

まま、朝の通勤電車に乗っていました。

この「なぜ、ダメなんだろうか？」という感情が出てきたときは、しばらく休憩のハーフタイムを取ったほうがいい時期です。

自分を自虐的に扱っていると、寄って来る男性たちもまた、あなたを大切にしてくれません。がんばることに疲れたときは、自分にやさしくしてあげるスペシャルタイムを設けましょう。

ずっと行ってみたかったレストランのランチ（ランチだと気軽に挑戦できますよね）に行ってみたり、やさしい香りのするシャンプーに変えてみたり、マッサージやエステに行ったりと、リラックスする時間を多めに取りましょう。

大切なのは、

「なぜ？」

「どうして出会えないの？」

と思いつめすぎず、

「今は試合のハーフタイム中なのだ」

と自分に言い聞かせ、すべての出会いの場から少し距離を置くことです。

ダメなときに無理に動いてもいい結果には結びつきません。

ただし、ハーフタイムは長くても一ヵ月間ぐらいにとどめておくこと。

二ヵ月以上お休みしてしまうと、また一歩踏み出していくことに恐怖心を感じたり、自分を否定的に捉えたりしてしまい、「どうせダメなんだ」と思う傾向が強くなっていきます。

「ダメだ」と決めるのは、いつも自分自身です。
そして、這い上がる気持ちを持つのも
自分自身なのです。

結婚を目指してがんばることに疲れが出始めたら、まずはのんびり休憩を。

余裕を感じているときにこそ、あなたからやさしい雰囲気が溢れ出し、いい出会いがやってくるものですから。

6 好みじゃない人こそ運命の相手

出会いの場で、好みのタイプではない男性が来るときって、ありますよね。

これ、合コンやお見合いでは、本当によくあります。

とくに、お見合い写真では「けっこう素敵かも」と期待していたのに、実際に会ってみたらがっかり……というとき、あなたならどんな対応をしますか？

目も合わさずに「早くこの時間が終わってほしい」と神様に願いながら、気のない会話を続けますか？

「今日はもう負け試合だから、帰りに一人でやけ酒あおって帰ろう」と思いながら時計にチラチラ目をやりますか？


では、好みのタイプではない人が目の前にやってきたときの、ベストな対応をお伝えいたします。

いつもの最高の笑顔を出し、あたかも目の前に、大好きなタレントさんがいるかのようにふるまうのが正解です。

出会いの場にたくさん足を運んでいれば、必ずと言っていいほど、自分の好みのタイプとはかけ離れた相手との出会いがやってきます。

しかしこのときこそ、結婚の神様からの試練なのです。

「結婚のご縁連合協会」なるものからのテストだと思ってください。

ここで、冷たい態度や、あからさまに嫌だなと思う表情を見せたり、不満げにしたりしていると、必ずまた同じような男性が目の前にやってきます。

結婚の神様はいじわるをしているわけではありません。あなたに、

「どんな人が目の前にやってきたとしても、誠実な対応をせよ。すべてお前にとって必要な相手なのじゃぞ」

と教えてくれていると思いましょう。

出会いは、すべて自分自身の考え、捉え方、思い込みによって変わっていきます。

「タイプじゃない男性が目の前にやってきたということは、自分の中でまだ学ばないといけないことがあるんだな」

というふうに割り切って考え、誠実な対応をしましょう。

誠実な対応をしていけばしていくほど、結婚の偏差値は上がっていきます。

ましてや、ブログやSNSにお見合い相手の悪口なんて書いている人は、一生結婚できません。自分を省みられない人は結婚の神様は味方してくれないのです。

実際私の相談所を巣立ち結婚した方たちに共通しているのが、相手の悪口を決して言わなかったことです。たとえお見合いの席で「むむむ」と思う相手が来たとしても、決してその方の悪口をメールなどに書いてはきませんでした。

「今日はご縁がなかったけれど、彼の幸せを祈ります。また次のお見合いを楽しみにしていますⅠ」

とだけ書いていらっしゃいます。

もちろん、心の中では複雑な思いや、「いつか本当に出会えるのかな……」といった不安な気持ちもあるでしょう。

でもそこに執着しすぎず、もう次を見据えて、「誠実な対応をしていこう」と決意しながら進んでいくのです。

好みのタイプが目の前に現れないときは、あなたの本質が試されているときです。

どうか自分を責めすぎず、相手を悪く言わず、

「この出会いもすべて自分にとって必要なのだ」

と言い聞かせて、誠実な対応を心がけていきましょう。

7 ダメ出しをせず、「付き合ってみる」勇気を

出会いのチャンスをつかみ、何回かデートを重ねてみても、二の足を踏んで、「付き合う」段階まで進むことをためらってしまう方がいます。

たとえば、私の相談所の会員のTさんは、お見合いの席で「真面目そうな人だな」と思った男性とデートを重ねるものの、彼が三回目のデートでドライブ中、終始無口だったのが気になり、「この先どうしよう」と悩んでいました。

Aさんは、合コンで出会った彼とデートを数回重ねましたが、彼のよく行くお店がラーメンやカレー屋さんばかりなので、オシャレなレストランを知らないのが気に食わなかったそうです。

Nさんはデート中、彼ばかりが喋りすぎるのが気になっていました。

たしかにこれらはすべて、一歩関係を進めるには気になるハードルかもしれませ

ん。

でも、彼女たちが前に進むことができない理由の一つに、やはりお父さんとお母さんの関係がありました。

親の関係を長年観察してきて、

「こんな人と結婚して、親みたいに結婚生活で苦労するのはまっぴらごめん！」

と思っていたのです。


けれども、ここで考えてみる必要があります。

それは、「夫婦の愛の形はさまざまだ」ということです。

私たちが「間違っている」と感じてきた親の夫婦関係は、彼らにしてみればそれが正しい愛の形だと信じてここまでやってきています。

事実私の両親も、長年揉めながらも昨年父が亡くなるまで添い遂げました。会員の方々は「うちの親は夫婦仲が悪いんです」と言いますが、そのご両親はケンカしながらすでに40年以上一緒に暮らし続けている……というケースをよく聞きます。

子どもの立場である私たちから見れば、

「親だからこそ理想であってほしい、仲良しでいてほしい……」

という思いが溢れるのもわかりますが、親の選択を一個人の選択として見ていくことを、視野に入れてみてください。色々あったけれど、それでも一緒にいるお父さんとお母さんに対し、

「理解できないし理解したいとも思わないけど、二人は二人なりに頑張ってきたんだな」

と、一歩下がって親の結婚を垣間見るようにしましょう。

そこにはお父さんとお母さんの間で築いてきた、でこぼこな愛の姿があり、目をそむけたくなるかもしれません。

けれども、親同士の関係がたとえ自分の望む関係ではなかったとしても、そういう関係も世の中の「愛の形」として存在するんだな、と「一家族」としてではなく、「部外者」の気持ちになって考えてみるのです。


自分の家族に対して冷静な気持ちを持てるようになると、男性に対しても客観的な視点で捉えることができるようになっていきます。

「夫になる人だったらこうあるべき、男なんだからこうすべき」

という思いで相手を見ていても、彼らのいい面は一向に見えてきません。

数回のデートだけで決め付けず、彼らなりに頑張っていることを認めてあげてください。

デートのお誘いが来るということは、相手から気に入られているのですから、一カ月はデートを続けてみることです。

おおらかに見てあげましょう。そして、「愛されることに慣れていくこと」です。

「自分から好きにならなくちゃ付き合わない」のではなく、

「自分を好きになってくれた人との間での穏やかな関係を築いていく」ことを考えていきましょう。

そして、一人の人間として彼がこれまで生きてきた人生の軌跡、仕事や周りに対する思い、自分の家族に関して感じていること、女性に対しての考え方など、もっと内面的な部分を深く探ってみてください。

(ちなみにマザコン過ぎるのは問題ですが、お母さんを大切に思っている男性は奥様のことも大切にしてくださるようです。お父さんがお母さんに対し敬意を払って日々を過ごしているため、息子である男性もお父さんと同じようにお母さんを敬う気持ちが子どものころから育っているからです)

表面的なくだらないジャッジで相手を見過ごさず、彼の人間としての魅力をしっかり見てあげましょう。

冒頭のTさんは、無口だった彼がデートを数回重ねたら、緊張がほぐれて互いの会話が生まれるようになったそうです。

Aさんは彼とラーメンやカレー屋デートを楽しんでいたら「次回は君の好きなカフェとか行こうよ」と言われ、カフェデートも時折できるようになりました。

Nさんの彼もデートが五回過ぎたころ、彼女の話をよく聞いてくれるようになったそうです。

現在は、みなさんその彼たちと結婚して幸せに暮らしています。

「出会い」は動けばたくさんやってくると思いがちですが、実は結婚までつながる「ご縁」はそうそうやってきません。

あなたが「結婚したい」と思っているときに同じ思いを持ってそばにいてくれる人が、あなたにとっての「ご縁のある方」です。

今、そばで笑っている彼が
未来のあなたの夫かもしれません。

大切なご縁を見過ごさないようにしていきましょう。

8 交際状況は、親に一切報告しない

先日電車の中で、
「あなたの結婚が決まると親も幸せになれる」
という広告を目にしました。

確かにふつうの親は、子どもの結婚が決まると心底安心し、相手とずっと仲良く暮らしていけるように心から望んでくれますよね。

なぜなら、基本的には、親のほうが早く亡くなるからです。親は、子どもがいくつになっても、手のかかる存在として見ていますから、「自分たちが死んだ後、誰かと一緒に暮らしてくれたら安心だ」と思うのです。

これは今、私も心から賛同します。私の娘はまだ十歳ですが、一人っ子なので、私と夫が先に死んだら独りになってしまいます。できるなら、私たちが生きているうちに誰かと一緒になるのを見届けたいな……と思います。もちろん強制はできませんし、その先どうなるかもわかりませんが。

本来そんなふうに、「親とは子どもの幸せを願うものだ」と言われますが、中には「子どもの不幸を願う親」も実在します。

ここまでに繰り返しお話ししてきたように。

「自分はそんな親を持っている」と認める気持ちがあるのならば、出会いの場に足を運んで結婚に向かってがんばっていることや、はたまた結婚を真剣に考える人と向き合っていることなどを、はっきりと状況が定まるまでは、一切状況報告をしないようにしましょう。


ちなみに実家住まいの人でよくあるのが、お母さんに、

「今日デートなんだ」

「今日お見合いしてくるから」

とわざわざ事前に伝えているケースです。

「うちの親は口うるさい」

と認識しているのだったら、

「お見合いに行く」

は禁句です。帰ってきたら必ず、

「どうだった？」

「何よ、またダメだったの」

「だいたいあんたは理想が高すぎるのよ」

「そんなんだからいつまでたっても、孫の顔が見られないんだから」

などといったお小言が延々と続き、ただでさえ気を張っているのに、余計マイナスの感情が沸き起こってしまいます。

ひたすら親には何も告げずに、そっと結婚を目指して動いていくほうが、自分の意識が優先されて、うまくいきやすいものです。

過去には、お母さんに私の相談所での活動について一切報告をしないまま、いざ相手と結婚が決まったときに「実は……」と初めて報告し、相手を連れて行ったら大歓迎されたという成婚者さんも多く実在しています。

また、私は離婚後初めて本格的にお付き合いしたのが今の夫だったのですが、夫と付き合ってから一年半の間、母に彼の存在すら伝えていませんでした。

今までは彼ができるとうれしくて、すぐに母と妹に報告していたのですが、当時は

離婚直後でしたし、「付き合っている人がいる」なんて言ってしまったら、

「どうせ捨てられるのに」

「懲りないわねぇ、何度失敗したら気が済むの」

「姑からいじめられるよ」

などと鼻で笑われるだろうなと思ったので、黙っていたのです。

その代わり、婚活サポーターのみなさんには日々叱咤激励してもらっていました。

何度も失敗していると、「またダメになるかもしれない」という不安や恐怖心が襲ってくるものです。

そのたびに婚活サポーターから、

「大丈夫だよ、彼、いい人だからきっとうまくいく」

「ケイコちゃんの明るさを認めてくれている人だから自信持って！」

などと言われた言葉を素直に受けとめ、自分の生活を楽しみながら交際を続けていました。それから十二年の月日が流れていますが、私は姑からいびられたり意地悪をされるようなことは一度もありません。

母の言い分を鵜呑みにして、

「私はやっぱりお母さんの言うことを聞いておいたほうがいいんだ」

と思っていたら、今の幸せはありませんでした。

「親は子の幸せを一番に願う」と言います。

けれども、ときにはそうでない親も実在するのです。あなたの親がそういうタイプだなと感じるのなら、親の言葉よりも、あなたの信念と婚活サポーターの言葉を信じ、幸せの道を自分で遮断しないようにしましょう。

9 三ヵ月で結婚できるデートの掟

私は結婚相談所を主宰していますが、正直、出会いはいつどこで誰に会うかわからないものなので、「結婚したいなら絶対に相談所に入ろう」といった強制はしていません。

ただ、昨今の結婚相談所は、

「モテない男女が入るところ」

というよりは、

「本気で、短期間で、真面目に相手を探したいと思う男女が集まって来るところ」

になってきているように感じています。

最近結婚が決まった会員さんも、

「これまで合コンにかなり参加してきたけど、なかなか結婚まではたどり着かなかった。でも、相談所から紹介してもらう人は大卒の人が多いし、三十代、四十代の男性

でもいい人が多かった。結婚に向かって真剣に相手探しをしたいのなら、結婚相談所もありだな、と思った」

という声をいただきました。

ちなみに結婚相談所の定める交際期間って、三ヵ月なのです。

「たった三ヵ月で何がわかるの？」

「そんなに短い期間で結婚しちゃったらすぐに離婚するんじゃないの？」

という疑問を毎回事前カウンセリングでいただきますが、相談所に入るには、次の制約があります。

❶結婚を前提に出会いを求めている
❷ある程度お金がかかるから本気度が高い
❸男女共に身元がしっかりしている
❹独身証明（これをもらっていない相談所は注意！）、源泉徴収票、卒業大学の証明書の提示が必要

このため、相談所とは、出会ったら「結婚するかしないか」を瞬時に決めていく場であると、断言できるのです。

これが合コンや巷のパーティーだと、

「まだオレ、結婚なんかしたくないしー」

「ただ友だちを探しに来ただけなのに、真剣に考える女子ってコワい」

などと言ってくる男性も参加してくるものです。そんな男性とちょっと付き合ってしまうと、さらに結婚に程遠くなる現実が待っています。あろうことか、中には既婚者も混ざっているので、本当に最近の合コンやインターネット、パーティーでの出会いには注意が必要です。

そして、相談所でお見合いした方と三ヵ月で結婚するために、デートでの掟があります。

このデートの掟を、ふだんの出会いで生かしていただくと、相手に対する見極め力が各段にUPします！　3ヵ月でお互いに結婚の話が出るまでに進めることも、決して夢ではありません。

その掟を最後にご紹介しましょう。

最初の出会い（相談所では「お見合い」）から二回目のデートに進む判断基準は、「また会いたいと思ったかどうか」です。当然ですね。

最初のときは緊張していても、二回目のデートとなると少しそれもほぐれ、お互いの素の部分が垣間見えるかと思います。その際にチェックする点やデートの心得は、P190やP212で紹介しましたね。

この二回目のデートでの「ダメ出し」が多いと、いつまでたっても先に進むことができません。すごろくで言う「ふりだしに戻る」を延々と繰り返す「婚活ジプシー」が実際にいるのも事実です。

二回目のデートではちょっぴりおおらかな気持ちで相手を見てあげるようにしましょう。「席を奥にしてくれなかった」とか、「ドアを開けて待っててくれなかった」なんて、日本男子にはごくフツーにありえることです。

アメリカ人のようにスマートに女性をエスコートできないのが日本男子の特徴なのですから、そのへんは大目に見てあげましょう。

二回目のデートから三回目のデートにつながった場合、三回目のデートでは、「相手に近づいても平気かどうか？」をチェックします。

ほっぺたをくっつけることができるのか？

そばにいて匂いを感じても大丈夫か？

できたらこの時点で「手をつなぎたい」と思えるか、またはつないでみたときの印象を正直に感じてみることが大切です。

四回目のデートでは、「自分の家族や友だちに紹介してもいい相手かどうか？」を確認します。

「彼なら友だちのY子に紹介しても反対されないだろう」

「妹に紹介しても応援してもらえるだろう」

と思える人だったらＯＫです。

ただし、彼を紹介しようと思う相手は、あくまでも婚活サポーターを対象にすること。親を始め、婚活ブロッカーへの紹介はハードルが高すぎます。まずはあなたの人生を応援してくれている人に紹介できるかどうかを考えるようにしてください。

五回目のデートでは、「深い関係になってもいいと思えるかどうか」を吟味していきます。

ちなみに相談所では、交際中は深い関係になることは禁止されています。交際中は清い関係のまま交際を続け、お互いに結婚すると決めてから、関係に進むというのがルールとなっています。このルールは女性を守るために作られました。「結婚する」と言われてホテルへ行き、結婚するつもりで深い関係になった後、「やっぱり結婚する話はなかったことに」と男性から言われてしまったら、女性側が大変傷つくからです。非常に難しいところですがこの規約は相談所の中で重要な役割を担っています。

またこのあたりで「彼のパンツを洗えるかどうか」も自問してみてください。

六回目のデートでは、いよいよ彼と結婚してもいいと思えるかどうかです。だいたい週に一回デートすると、ここまで来るのに二ヵ月ほどでしょうか。

(相談所では、ここでほかのお見合いはせずに、「一対一で真剣交際に入りましょう」となると、結婚までの道のりがグッと近づくことになります)

最後の一ヵ月で結婚についての考え方、どこに住むか、女性の仕事はどうするのか、お金の使い方、家事の分担などについても話していきます。

近年、年収が申告時より下がっている場合もあるので、自分の年収を告げてから

「結婚を考えるとなると○○さんの年収も知っておきたいので今の年収を教えてください」と聞いてみましょう。また、保険や投資などをやっているかも事前に確認しておくとあとで口論にならずに済みます。

また、正直、しっかりと家事の分担を決めておくのは難しいので、このあたりはあいまいになりがちですが、女性が仕事を続けたいのなら事前に家事の分担について話しておくことが大切です。後々「こんなはずじゃなかった」と思うことになります。

さらに、互いの両親への挨拶の日取りなどを話し合っていきます。ここできちんと話し合いができるカップルは、男性からプロポーズされ、結婚していきます。

このデートの掟どおりに動いてとんとん拍子で進むカップルもいれば、お互いの仕事が忙しくてなかなか会えず、交際が長引く方々もいます。最初は「うーん」と思いながらも会っていくうちにだんだん愛情が芽生えていったというカップルもいます。

そして、大事な見極めは、やっぱり結婚は、恋愛のような「ときめき第一主義」ではなかなかできないものだということです。

ここに書いた掟をクリアできる相手であり、部屋に彼がいたら、なんとなくほのぼのとしてそこの空気があたたかくなるような人が結婚向きだと言えるでしょう。

おわりに

お母さんとの関係に悩みつつも、無事結婚までたどり着いたとき。

「この後のお母さんとの距離の取り方はどうしたらいいのだろう」

と、またあらためて悩むことと思います。

この本の最後に、少しだけ、それについてお話しさせていただきます。


せっかく自分のことを心から大事にしてくれている夫が現れたというのに、お母さんともめてばかりいると、今度は夫との間にも亀裂が生まれ始めてしまいます。

私も今の夫と結婚したばかりの頃、母とはかなり距離を置いていました。

当時、よく母から電話がかかってきていましたが、私からかけ直すことは週に一回あるかないか。

物理的な距離は車で二十分の場所に住んでいましたが、頭の中では、

「母と妹は火星に住んでいるのだ」

ぐらいの気持ちで、彼らに頼ることなく、まずは夫との生活を第一に考え、彼との信頼関係をじっくりと築き上げていく時間を優先したのです。

おかげさまで義理の両親とは最初から良好な関係を築くことができていたので、私は夫の実家に行くと、

「自分の家と違ってずいぶんゆったりとした気持ちになれるな」

と新婚の頃から感じていたものです。

義理の両親は、まさに幸せな結婚をしている人そのものの考え方、生き方をして毎日を過ごしていました。社会に対して冷静な視点を持ち、子どもたちの生き方を尊重し、お互いに冗談を言い合ってはニコニコと笑い合っているのです。お義父さんがお義母さんのことを、今でも大好きだという部分も、素敵だなと思っています。

私は子どもの頃から、

「自分の親と仲が悪い子どもは親不孝だ。どんな親だったとしても愛さなくてはいけない」

という考えに対し、とても不信感を持っていました。

なぜ、自分を否定ばかりしてきて、人生の喜びや楽しみを共に喜んでくれない親の

ことを受け入れないといけないのだろうか……」とずっと思っていました。

でも今、夫や娘、そして義理の父や母、私の結婚を見守ってくれている昔からの婚活サポーターのみなさんの存在がある中、

「彼らに会えたのは、親が私をこの世に生み出してくれたから。この人生で自分らしい結婚を手にいれるまでのチャレンジの機会を与えてくれたのも、そこを通じて日々の幸せを感じられるようになったのも、全部親がいてくれたからだ」

と心底思うのです。

親に対しての複雑な思いは、いまだに抱えています。

義理の両親のように、子どもの能力を認め、励まし、応援してくれる親だったらどんなに楽だっただろうか……と思うこともあります。

けれども、今は親に対しての怒りや憎しみ、悲しみといった気持ちはだいぶ薄れてきました。

それは、親と仲良くなる前に自分と仲良くなり、親との葛藤を持った自分を受け入れ、自分を優先して結婚できたからです。

今も一人だったら、きっといまだに自分の不幸の原因を親のせいにして、同じ境遇の仲間たちと文句を言い合っていたかもしれません。

ですから、私と同じように親との関係で悩まれているあなたも、それだけに執着しすぎず、自分の人生を第一に動いていきましょう。

出会う男性の内面をしっかり見て、真のパートナー選びを続け、本当に自分が自分らしくいられる相手を見過ごさないことです。

自分の家族とうまく付き合えなかった人こそ、パートナーから大切にされ、共に暮らしていく中で、安らぎや喜びを感じながら生きていってほしい。

親との関係を「学び」と捉えられれば、それを手に入れる資格があるはずです。

あなたが素敵なパートナーと笑顔で毎日を過ごせる日が来ることを、心からお祈りしております。

二〇一五年　五月　大安ケイコ

お母さんから自由になれば、結婚できる。

発行日　2015年5月25日　第1刷

Author　大安ケイコ

Illustrator　多田景子　Book Designer　谷口博俊 (next door design)

Publication　株式会社ディスカヴァー・トゥエンティワン
〒102-0093　東京都千代田区平河町2-16-1 平河町森タワー11F
TEL：03-3237-8321(代表)　FAX：03-3237-8323
http://www.d21.co.jp

Publisher　干場弓子　Editor　大山聡子

[Marketing Group]
Staff
小田孝文　中澤泰宏　片平美恵子　吉澤道子　井筒浩　小関勝則　千葉潤子
飯田智樹　佐藤昌幸　谷口奈緒美　山中麻吏　西川なつか　古矢薫　伊藤利文
米山健一　原大士　郭迪　松原史与志　蛯原昇　中山大祐　林拓馬　安永智洋
鍋田匠伴　榊原僚　佐竹祐哉　塔下太朗　廣内悠理　安達情未　伊東佑真
梅本翔太　奥田千晶　田中姫菜　橋本莉奈　川島理　倉田華　牧野類　渡辺基志

Assistant Staff
俵敬子　町田加奈子　丸山香織　小林里美　井澤徳子　橋詰悠子　藤井多穂子
藤井かおり　葛目美枝子　竹内恵子　清水有基栄　小松里絵　川井栄子
伊藤由美　伊藤香　阿部薫　常徳すみ　三塚ゆり子　イエン・サムハマ

[Operation Group]
Staff
松尾幸政　田中亜紀　中村郁子　福永友紀　山﨑あゆみ　杉田彰子

[Productive Group]
Staff
藤田浩芳　千葉正幸　原典宏　林秀樹　三谷祐一　石橋和佳　大竹朝子
堀部直人　井上慎平　松石悠　木下智尋　伍佳妮　張俊崴

Proofreader & DTP　株式会社T&K　Printing　三省堂印刷株式会社

ISBN978-4-7993-1669-6　